Kunst
Angewandte Psychologie im Unternehmen

Praxis der Unternehmensführung

Volker Kunst

Angewandte Psychologie im Unternehmen

Betriebspsychologie
Arbeitsgestaltung
Motivation
Anreize
Eignungsdiagnostik
Kommunikation
Interaktion
Individuum und Gruppe
Führung
Konflikte und Konfliktlösung

Springer Fachmedien Wiesbaden GmbH

Die Deutsche Bibliothek – CIP-Einheitsaufnahme

Kunst, Volker:
Angewandte Psychologie im Unternehmen / Volker Kunst. – Wiesbaden : Gabler, 1994
(Praxis der Unternehmensführung)

© Springer Fachmedien Wiesbaden
Originally published by Betriebswirtschaftlicher Verlag Dr. Th. Gabler GmbH, Wiesbaden 1994

Lektorat: Dr. Walter Nachtigall

Das Werk einschließlich aller seiner Teile ist urheberrechtlich geschützt. Jede Verwertung außerhalb der engen Grenzen des Urheberrechtsgesetzes ist ohne Zustimmung des Verlages unzulässig und strafbar. Das gilt insbesondere für Vervielfältigungen, Übersetzungen, Mikroverfilmungen und die Einspeicherung und Verarbeitung in elektronischen Systemen.

Höchste inhaltliche und technische Qualität unserer Produkte ist unser Ziel. Bei der Produktion und Verbreitung unserer Bücher wollen wir die Umwelt schonen. Dieses Buch ist auf säurefreiem und chlorfrei gebleichtem Papier gedruckt. Die Buchverpackung besteht aus Polyäthylen und damit aus organischen Grundstoffen, die weder bei der Herstellung noch bei der Verbrennung Schadstoffe freisetzen.

Die Wiedergabe von Gebrauchsnamen, Handelsnamen, Warenbezeichnungen usw. in diesem Werk berechtigt auch ohne besondere Kennzeichnung nicht zu der Annahme, daß solche Namen im Sinne der Warenzeichen- und Markenschutz-Gesetzgebung als frei zu betrachten wären und daher von jedermann benutzt werden dürften.

Umschlaggestaltung: Susanne Ahlheim AGD, Weinheim
Satz: ITS Text und Satz GmbH, Herford

ISBN 978-3-409-18309-3   ISBN 978-3-663-05847-2 (eBook)
DOI 10.1007/978-3-663-05847-2

Inhalt

1	**Einführung**	1
1.1	Der Begriff Betriebspsychologie	2
1.2	Gegenstand der Betriebspsychologie	3
1.3	Das Menschenbild des Betriebspsychologen	5

2	**Arbeitspsychologie**		8
2.1	Arbeitsgestaltung		9
	2.1.1	Leistungsfähigkeit und Leistungsbereitschaft	9
	2.1.2	Beanspruchung durch äußere Einflüsse	10
	2.1.3	Psychische Beanspruchung und Ermüdung	14
	2.1.4	Arbeitszeit und Pausen	16
2.2	Motivation und Anreize		18
	2.2.1	Die Motivation beruflicher Arbeit	18
	2.2.2	Extrinsische und intrinsische Motivation	22
	2.2.3	Anreize zur Beeinflussung der Arbeitsleistung und Arbeitszufriedenheit	24
2.3	Eignungsdiagnostik		27
	2.3.1	Psychologische Tests als Methode der Eignungsfeststellung	27
	2.3.2	Eignung und Auslese	30
	2.3.3	Bewährungskontrollen	32

3	Sozialpsychologie		34
3.1	Kommunikation und Interaktion im Betrieb		34
	3.1.1	Sach- und Beziehungsaspekt der Kommunikation	34
	3.1.2	Einweg- und Zweiweg-Kommunikation	36
	3.1.3	Kommunikationsnetze	38
3.2	Das Individuum in der Gruppe		41
	3.2.1	Der Leistungsvorteil von Gruppen	41
	3.2.2	Rollen und Status der Gruppenmitglieder	43
	3.2.3	Die Dynamik der Gruppe	47
3.3	Führung		51
	3.3.1	Komponenten der Führungsrolle	51
	3.3.2	Führungsstile	52
	3.3.3	Führungsethik	56
	3.3.4	Die Komplexität des Führungsverhaltens	60
3.4	Konflikte und ihre Handhabung		62
	3.4.1	Ursachen von Konflikten	63
	3.4.2	Konfliktverlauf	65
	3.4.3	Konfliktaustragung	66

Literaturverzeichnis 68

Stichwortverzeichnis. 70

1 Einführung

Betriebe sind produktive soziale Systeme. Systeme, in denen Menschen arbeiten, die in vielerlei Beziehungen zueinander stehen. Diese *sozialen Beziehungen* nun sind es, die den wissenschaftlichen *Untersuchungsgegenstand für Psychologen* und *Soziologen* darstellen. Sie bestimmen zugleich das tagtägliche Betätigungsfeld des betrieblichen Personalwesens.

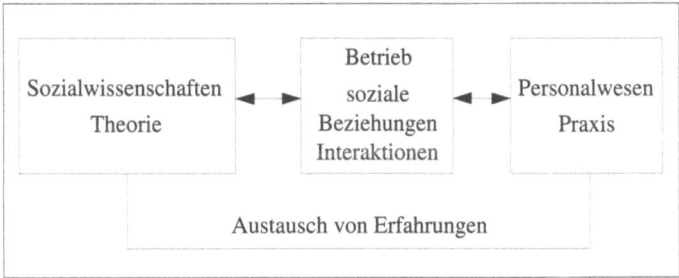

Abbildung 1: Untersuchungsgegenstand der Betriebspsychologie

Der Betrieb als gemeinsamer Berührungspunkt für Psychologen und Personalabteilungen? Der Begriff Berührungspunkt ist statisch und wird dem dynamischen Inhalt – den sozialen Beziehungen – nicht gerecht; zum anderen trägt er zu einer fruchtlosen Polarisierung bei: hier Theoretiker, die sich einen praxisfernen Elfenbeinturm zimmern, dort Praktiker, die sich in „blindwütigem Aktionismus" ohne kritische Distanz zum eigenen Tun ergehen. Gemeinsam wäre beiden, daß sie an den Menschen in einem Betrieb vorbei dächten bzw. handelten.

Psychologen wie Personalkaufleute sollten deshalb den Betrieb als gemeinsames Erfahrungsfeld begreifen und die Erfahrungen und/ oder Erkenntnisse austauschen; denn sie verbessern ihre Glaubhaftigkeit und steigern ihre Kompetenz, wenn sie selbst die Pflege von sozialen Beziehungen betreiben, anstatt das nur anderen zu empfehlen oder zu befehlen.

1.1 Der Begriff Betriebspsychologie

Die Psychologie läßt sich grob in drei Bereiche gliedern:

- *Allgemeine Psychologie*:
  Allgemeine Erkenntnisse und Gesetze des menschlichen Verhaltens

- *Differentielle Psychologie*:
  Variationsbreite und -möglichkeiten menschlichen Verhaltens

- *Angewandte Psychologie*:
  Anwendung psychologischer Erkenntnisse auf bestimmte Verhaltenssituationen: Erziehung, Klinik, Kriminologie, Wirtschaft usw.

Einzelne Bereiche der angewandten Psychologie sind wegen ihres Umfangs bzw. ihrer Bedeutung im Laufe der Zeit zu eigenständigen Disziplinen geworden, so die pädagogische Psychologie, klinische Psychologie, Betriebspsychologie, Sozialpsychologie.

Das Anwendungsgebiet der Psychologie, das mit dem Begriff *Betriebspsychologie* bezeichnet wird, ist so vielschichtig, daß, je nach dem Blickwinkel, aus dem ein Betrieb hinsichtlich seiner sozialen Beziehungen untersucht wird, eine Vielzahl inhaltlich ähnlicher Psychologien resultiert, so zum Beispiel die Industriepsychologie, Ingenieurpsychologie, Arbeitspsychologie, Berufspsychologie, Ergonomie u.ä.

So unterschiedlich der Blickwinkel ihrer Betrachtungsweise auch sein mag, allen Psychologien ist gemeinsam: Sie befassen sich mit dem beobachtbaren Verhalten von Menschen in ihrer wirtschaftlichen Arbeitssituation. Für dieses Anwendungsgebiet der Psychologie wurde um 1930 von Moede zunächst der Begriff *Wirtschaftspsychologie* geprägt, der in den darauf folgenden Jahrzehnten durch den Begriff *Betriebspsychologie* ergänzt bzw. nach der Rolle des Menschen als Produzenten oder Konsumenten differenziert wurde.

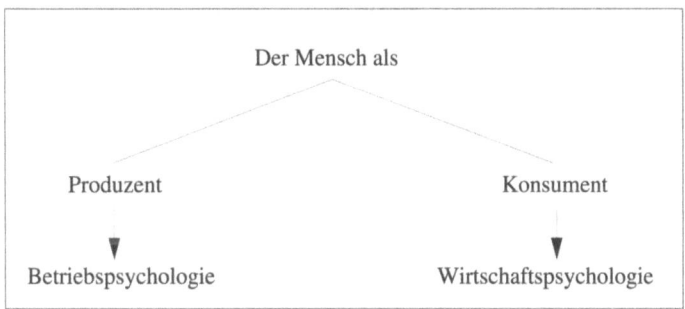

Abbildung 2: Wirtschaftspsychologie

Die *Betriebspsychologie* befaßt sich also mit dem beobachtbaren Verhalten des Menschen in seiner Rolle als Produzent von Gütern und/oder Dienstleistungen.

Das menschliche Verhalten in der Rolle des Konsumenten ist dagegen der eigentlichen Wirtschaftspsychologie vorbehalten, die sich in Teildisziplinen gliedert, wie Psychologie des Absatzes, Werbepsychologie, Verkaufspsychologie.

1.2 Gegenstand der Betriebspsychologie

Menschliches Verhalten in einem Betrieb ist wie jedes menschliche Verhalten auf etwas bezogen. Verhalten bedeutet Auseinandersetzen mit etwas (Personen, Umwelt) oder, wie wir später noch sehen werden, Interaktion (Wechselbeziehung zwischen aufeinander ansprechenden Partnern).

Diese *Interaktionen* lassen sich in drei Bereiche aufgliedern, die dazu dienen sollen, den Gegenstand der Betriebspsychologie näher zu beschreiben.

- Interaktion zwischen Individuen und der ihnen gestellten Aufgabe   Individuum – Aufgabe

- Interaktion zwischen verschiedenen Individuen   Individuum – Individuum

- Interaktion des Individuums mit einer Gruppe oder von Gruppen untereinander   Individuum – Gruppe

Bei den Interaktionen zwischen Individuum und Aufgabe befaßt sich die Betriebspsychologie mit Fragen der Anpassung der Arbeit an die menschlichen Bedürfnisse (Arbeitspsychologie), mit der Arbeitsmotivation sowie mit der Personalauslese im Sinne der Eignungsdiagnostik.

Interaktionen zwischen den Individuen sind das Feld der Sozialpsychologie, die sich mit Fragen der sozialen Wahrnehmung, der Führung, der Kommunikation und Interaktion sowie des Konfliktes befaßt.

Aufschlüsse über die Interaktionen zwischen Individuum und Gruppe liefert ebenfalls die Sozialpsychologie des Betriebes.

1.3 Das Menschenbild des Betriebspsychologen

Unabhängig von dem jeweiligen Untersuchungsfeld seiner Erkenntnisse muß sich der Betriebspsychologe wie der Personalmann über den Maßstab seines Handelns bewußt sein: Welches Menschenbild geht in seine Überlegungen ein? Oder anders gefragt: Wie sieht sein Idealbild aus, das mit Hilfe psychologischer Erkenntnisse angestrebt bzw. erreicht werden soll?

- *Taylorismus*:
  Der Mensch wird von wirtschaftlichen Bedürfnissen geleitet. Für mehr Geld bringt er mehr Leistung. Taylor (1911) betrachtete deshalb den Menschen funktional im Arbeitsprozeß, den es zu systematisieren gilt. (Der Mensch als Rädchen im Getriebe).

- *Human Relations:*
  Der Mensch wird überwiegend von seinen sozialen Beziehungen zu anderen Menschen geleitet. In den 30er Jahren wurde in den „Hawthorne-Experimenten" das Individuum wieder entdeckt. Neben der formellen oder offiziellen Organisation oder Hierarchie eines Betriebes schaffen sich die Menschen auf Grund ihrer Beziehungen zueinander gleichsam eine private Hierarchie, die *informelle Organisation*, die wesentlich das Leistungsverhalten der arbeitenden Menschen bestimmt. Durch die „Human Relations-Bewegung" wurde deshalb besonders großer Wert auf gut funktionierende soziale Kontakte gelegt: Überprüfung der Kommunikations- und Informationswege, Aufbau und Förderung von Gruppen, soziale Anerkennungsformen des einzelnen oder von Gruppen durch das Management waren besonders wichtige Arbeitsgebiete der Betriebspsychologen.

- *Der Mensch als differenziertes, dynamisches Individuum:*

  Der Mensch wird stärker als Individuum gesehen mit einer sehr komplexen, differenzierten Motivationsstruktur, welche sich aus der individuellen Auseinandersetzung mit der Umwelt ergeben hat. Als wesentliches Merkmal ist hierbei die individuelle Lernfähigkeit des einzelnen zu sehen, die in dynamischer Weise das augenblickliche Verhalten des Menschen bestimmt. Je nach der subjektiven Bewertung, ob und wie ein persönliches Bedürfnis befriedigt werden kann, setzt sich ein Mensch für etwas ein oder nicht. Diese Selbstentfaltung des Menschen ist heute als Leitbild des Psychologen anzusehen.

  Das zugrundeliegende Menschenbild bestimmt weitgehend das Handeln bzw. die Erkenntnisse des Psychologen. Es ist gewissermaßen die *Grundeinstellung* zu seiner Arbeit, die bestimmt, wie er den Betrieb wahrnimmt und sich mit ihm auseinandersetzt. Diese Grundeinstellung ist das Resultat von bisher gemachten Erfahrungen bzw. Einsichten. Aus diesen Erfahrungen und Einsichten bilden sich Überzeugungen und Leitbilder, die die jeweilige Absicht, also das Ziel der psychologischen Arbeit und die Erkenntnisse beschreiben. Diese Absicht dient dabei als subjektiver Maßstab für das Handeln und ermöglicht es dem Psychologen, aus dem Chaos möglicher Handlungen gezielt auszuwählen. Das konkrete Verhalten oder Handeln wird dabei bestimmt von dem Grad der Bewußtheit der beiden vorherigen Stufen.

  Kompetentes Handeln oder selbstbewußtes Handeln ist nur möglich, indem es gelingt, sich die jeweiligen Grundeinstellungen und Absichten bewußt zu machen.

Der Betriebspsychologe von heute befaßt sich mit den sozialen Beziehungen der Mitarbeiter eines Betriebes. Er geht dabei von einem differenzierten, dynamischen Menschenbild aus und versucht, Arbeitsbedingungen herauszufinden, die die Bedürfnisse des Individuums verkümmern lassen, und will Maßnahmen ent-

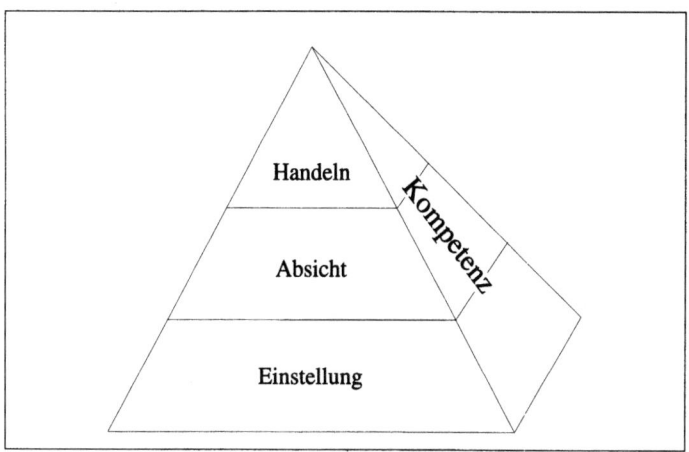

Abbildung 3: Selbstbewußtes (Kompetentes) Handeln

wickeln, um solche Arbeitsbedingungen abzubauen oder zu überwinden. Überwinden bedeutet dabei, Arbeitsbedingungen zu realisieren, in denen der Mensch gemäß seinen Fähigkeiten und Bedürfnissen kompetent handeln kann.

2 Arbeitspsychologie

Die *Arbeitspsychologie* befaßt sich mit der menschlichen Arbeit. Es ist schwierig, den genauen Gegenstand der Arbeitspsychologie zu beschreiben. Geht man von der Arbeitsorganisation aus, so betrachtet man den arbeitenden Menschen im Rahmen von Mensch-Mensch-Beziehungen. Diese Beziehungen sind jedoch Gegenstand der Sozialpsychologie des Betriebes.

Ein entscheidendes Kennzeichen der Arbeit ist heute und auch künftig ihre Einbettung in Mensch-Maschine-Systeme. Deshalb ist es notwendig, sich mit den Verhaltensweisen in Mensch-Maschine-Systemen zu befassen. Das Arbeitsverhalten in Mensch-Maschine-Systemen ist nun strenggenommen Gegenstand der *Ergonomie* (= Wissenschaft von der Anpassung der Arbeit an den Menschen) oder der Ingenieurpsychologie. In diesem Kapitel soll dennoch unter dem Titel „Arbeitspsychologie" vom Arbeitsverhalten die Rede sein, welches sich als Auseinandersetzung (Interaktion) des Individuums mit der Aufgabe (Arbeit) abgrenzen läßt zu den Interaktionen Individuum mit anderen Individuen, die im Kapitel „Sozialpsychologie" betrachtet werden.

Die Interaktion mit der Arbeit verlangt vom Individuum drei Funktionen:

- Es muß Informationen erkennen (Wahrnehmung).

- Es muß Informationen verarbeiten (Denken).

- Es muß Informationen wiedergeben (Handeln).

2.1 Arbeitsgestaltung

Ein solcher Informationsübertragungsprozeß während der Arbeit ist dem Leser sicherlich geläufiger unter dem Begriff *Leistung*. Die menschliche Leistung ist von einer Reihe von Faktoren abhängig. Neben *sachlichen Leistungsvoraussetzungen* sind es die spezifischen *individuellen Leistungsvoraussetzungen*, wobei bekanntlich individuelle Leistungsfähigkeit und Leistungsbereitschaft unterschieden werden.

2.1.1 Leistungsfähigkeit und Leistungsbereitschaft

Unter *Leistungsfähigkeit* versteht man die Fähigkeit, eine bestimmte Leistung erbringen zu können.

Die *geistige* oder *psychische Leistungsfähigkeit* wird häufig ausgeklammert und in der Eignungsdiagnostik als *Leistungskapazität* mit Hilfe verschiedener Verfahren zu ermitteln versucht.

Unter Leistungsfähigkeit ist in der Regel die *körperliche Leistungsfähigkeit* gemeint, d.h., wie gut die Organfunktionen des menschlichen Körpers sind.

Für kurzzeitige Maximalleistung wird dabei die Entwicklung der Muskeln entscheidend sein, bei Leistungen, die über längere Zeit ausgeführt werden, ist neben der Entwicklung der Muskeln vor allem eine optimale Versorgung der Muskeln mit Energie entscheidend. Solche Leistungsfähigkeit wird daher besonders abhängen von der Funktionsfähigkeit des gesamten Kreislaufs und Atemsystems. Die Methoden zur Messung der körperlichen Leistungsfähigkeit stoßen dabei an ihre Grenzen, wenn sie die mit der muskulären Leistungsfähigkeit verbundenen vegetativen Reaktionen und Funktionen mit erfassen sollen. Diese vegetativen Körperfunktionen sind aber mitbestimmend für die Leistungsbereitschaft.

Unter *Leistungsbereitschaft* versteht man das Ausmaß, in dem die individuelle Leistungsfähigkeit in einer bestimmten Situation in Anspruch genommen werden kann.

Dabei gehen sowohl psychische wie physische Komponenten mit ein. Zu den psychischen Funktionen, insbesondere der Willensfunktion, kommt die vegetative Lage, d.h., ob der Körper auf Ruhe und Erholung „geschaltet" (trophotrop) oder auf Aktivität und Leistung „geschaltet" ist (ergotrop). Über den Tag gesehen, ergeben sich *Schwankungen der Leistungsbereitschaft*, die in Intensität und zeitlichem Ablauf zwar individuell unterschiedlich sind, aber generell einen gleichen Trend aufweisen. Er ist geprägt von einem Vormittagshoch, einem Mittagstief zwischen 14.00–16.00 Uhr, einem erneuten Hoch am Spätnachmittag, allerdings nicht ganz so hoch wie am Vormittag, um dann kontinuierlich von 19.00 Uhr an abzufallen, bis zu einem ausgesprochenen Tief der Leistungsbereitschaft in der Nacht zwischen 2.00 und 4.00 Uhr. Es ist leicht einzusehen, daß ein Großteil der heutigen industriellen Arbeit nicht eben mit dieser Leistungsbereitschaftskurve harmoniert. Bei ungenügender Berücksichtigung solcher Diskrepanzen ist dies eine Quelle der Unzufriedenheit.

2.1.2 Beanspruchung durch äußere Einflüsse

Die Arbeitspsychologie befaßt sich mit den subjektiven Auswirkungen des Arbeitsprozesses. Dabei sind zunächst zwei Begriffe zu klären: *Belastung* und *Beanspruchung*.

Die Intensität und die Dauer einer Arbeitsleistung bestimmen deren Belastung. Die Wirkung einer solchen Belastung auf den Menschen wird als dessen Beanspruchung bezeichnet.

Die Wirkung ist dabei von der Leistungsfähigkeit und Leistungsbereitschaft der Person abhängig, d.h. eine gleiche Belastung kann bei verschiedenen Personen zu unterschiedlichen Beanspruchungen führen, da die individuellen Eigenschaften und Fähigkeiten verschieden sind.

Für die Beurteilung der Beanspruchung kommt noch erschwerend hinzu, daß in der Regel zusätzliche Beanspruchungen auftreten können, die direkt nichts mit der Belastung durch den eigentlichen Arbeitsvollzug zu tun haben. Das betrifft zum Beispiel die folgenden Umwelteinflüsse:

- **Klima:**

Klima bedeutet dabei die thermische Umwelt. Wohlbefinden, Gesundheit und Leistungsfähigkeit bleiben nur erhalten, wenn die Temperatur des Körperkerns im Bereich von 37,0 ± 0,8 °C gehalten werden kann. Die Wissenschaftler haben für das Klima eine Maßeinheit geschaffen, die sogenannte Effektivtemperatur, in die die Lufttemperatur, die Luftfeuchtigkeit und die Windgeschwindigkeit eingehen.

Aus speziellen Tabellen läßt sich dann ein bestimmter Behaglichkeitsbereich für bestimmte Situationen ermitteln. Das heißt einen Klimazustand, in dem der Mensch ohne zusätzliche klimatische Belastungen arbeiten kann.

- **Lärm:**

Unter Lärm versteht man jede Art von Geräuschen und Klängen, die als störend, belästigend und unangenehm empfunden werden. Er hängt von der Stärke des Schalls, der Einwirkungsdauer, der Zusammensetzung und der zeitlichen Anordnung des Schalls ab.

Die Beeinträchtigungen lassen sich je nach der Lautstärke des Lärms einteilen in:

Lärmbereich 0:	< 30 Phon:	kein Lärm
Lärmbereich 1:	30–65 Phon:	psychische Reaktionen (lästig)
Lärmbereich 2:	65–90 Phon:	psychische und physische Reaktionen (Verengung der Blutgefäße)
Lärmbereich 3:	90–120 Phon:	zusätzliche Gefahr der Schwerhörigkeit
Lärmbereich 4:	> 120 Phon:	zusätzlich mechanische Schäden der Nervenzellen (Lähmungserscheinungen, Schmerzempfindungen)

Als Abwehrmaßnahmen gegen Lärm werden prinzipiell drei Ansätze praktiziert:

- *Aktive Lärmabwehr*, d. h. Maßnahmen gegen die Lärmquelle.

- *Passive Lärmabwehr*, d.h. Tragen von Lärmschutzmitteln bei der Arbeit.

- Durch *Arbeitsgestaltung*, d.h., es dürfen nur solche Arbeitsplätze geschaffen werden, deren Lärm das zulässige Höchstmaß (90 Phon) nicht überschreiten.

• **Vibrationen:**

Mit zunehmender Technisierung ist die Belastung des Menschen durch Erschütterungen beziehungsweise mechanische Schwingungen gestiegen.

Schwingungen sind regelmäßige und unregelmäßige zeitliche Schwankungen physikalischer Zustände. Solche Schwingungen können die Funktionsfähigkeit des menschlichen Körpers erheblich belasten, insbesondere in einem unteren Frequenzbereich von 0,5 Hz bis 300 Hz. Noch höhere Schwingungsfrequenzen werden durch das Körpergewebe stark gedämpft und wirken weniger belastend. Solche körperlichen Symptome, die durch Schwingungen ausgelöst werden, sind beispielsweise:

- Atemnot (Sprechbeschwerden) bei   1 – 3 Hz,
- Atembeschwerden   4 – 8 Hz,
- Schmerzen im Brustkorb, Unterleib   4,5 – 10 Hz,
- Harndrang   10 – 18 Hz.

• **Beleuchtung:**

Der Mensch ist ein „Augentier", d.h. über 80 Prozent aller Sinneseindrücke, die im Laufe eines Arbeitstages aufgenommen werden müssen, sind optischer Natur.

Eine Verbesserung der Beleuchtungsstärke, d.h. das Licht, das auf eine Fläche fällt, hat innerhalb bestimmter Grenzen eine Verbesserung der Leistung zur Folge. Von der Beleuchtungsstärke hängt der Grad der Aufmerksamkeit ab, den man vom Personal erwarten darf, die Qualität seiner Arbeitsleistung und die Widerstandskraft gegen Ermüdung. An unfallgefährdeten Arbeitsplätzen kann ausreichende Beleuchtung einen Rückgang der Unfallhäufigkeit um dreißig Prozent mit sich bringen.

Bei der Beleuchtung des Arbeitsplatzes gilt der Grundsatz: nicht möglichst viel Licht, sondern das richtige Licht an dem Arbeitsplatz. Die Beleuchtung sollte nach Möglichkeit einheitlich sein, besser weiß als gelb oder rosa, und keine Blendeeffekte erzeugen.

Die Beleuchtungsstärke richtet sich nach der Art der Arbeit. Bei groben Arbeiten wie der Lagerhaltung genügen 50 bis 100 Lux; bei mittelfeinen Arbeiten (z.B. in Werkstätten) sind 80–120 Lux erforderlich.

In Büros benötigt man 250–500 Lux, bei Detailaufgaben (Zeichenbüros) sogar 500–1000 Lux. Für Präzisionsarbeiten (z.B. Uhrmacher) sind 1000 bis 2000 Lux unerläßlich, damit es nicht zu Ermüdungen kommt.

2.1.3 Psychische Beanspruchung und Ermüdung

Die Beeinflussung der menschlichen Leistungsfähigkeit und Leistungsbereitschaft ist folglich recht vielschichtig. Es bleibt nachzutragen, daß gute Leistungsfähigkeit und subjektives Wohlbefinden gemäßigte Umweltbedingungen voraussetzen. Extreme Bedingungen, wie Hitze, Kälte, großer Lärm, Totenstille, grelles Licht, Dämmerschein, andauernde Vibration, lassen keine optimalen Leistungen entstehen. Auch bei Arbeitsbelastungen gilt die Binsenweisheit vom gesunden Mittelmaß.

Jede Beanspruchung des menschlichen Organismus führt zu einer Ermüdung.

Ermüdung ist eine vorübergehende Leistungsminderung nach einer vorausgegangenen Beanspruchung. Die Ermüdung kann sich dabei als Abnahme der Funktionsfähigkeit eines Organs (= Organermüdung) oder des gesamten Organismus (= Ganzkörperermüdung) zeigen.

Als psychische Ermüdungen sind z.B. bekannt:

Empfindungsstörungen: brennende Augen, Verkleinerung des Gesichtsfeldes bei längeren Beobachtungsaufgaben, Ermüdungsschielen.

Wahrnehmungsstörungen: Verschlechterung der Augen-Hand-Koordination mit Fehlreaktionen und Verminderung der Reaktionsfähigkeiten.

Störungen der Aufmerksamkeit und Konzentration: geistige Blokkierungen, zeitweiliger Verlust der Beziehungen zur Aufgabe, das heißt, der Organismus reagiert mit Zwangspausen in der Denkfähigkeit.

Störungen des Denkens: Nachlassen der Präzision und Flüssigkeit von Assoziationsabläufen, der Begriffsbildung und des Erinnerungsvermögens.

Störungen des Antriebs: Abbau zentraler Steuerungs- und Hemmungsinstanzen, z.b. kann man in Extremsituationen beobachten, daß übermüdete Menschen leicht kindische und läppische Verhaltensweisen zeigen (blödeln, witzeln).

Störungen der sozialen Beziehungen: verschlechterte Kommunikation durch geringere Verständnisbereitschaft, stärkere affektive Reaktionen.

Gegenüber solchen psychischen Ermüdungserscheinungen unterscheidet man noch *ermüdungsähnliche Zustände*. Dazu zählen vor allem die Überforderung durch Unterforderung, das heißt eine Reizarmut, wie sie bei sehr gleichförmigen und sich ständig wiederholenden Teilarbeiten auftritt. Bei einer solchen Monotonie reagiert der menschliche Körper, indem er sich gewissermaßen selbst stimuliert und Tagträume produziert oder irgendwelche Sinnesreize halluziniert.

Eine weitere Form der Unterforderung ist die sogenannte *Vigilanz* (hohe Aufmerksamkeit). Sie tritt auf, wenn nur in sehr sporadischen Abständen eine starke Aufmerksamkeit erforderlich ist, zum Beispiel bei einer Meßwartentätigkeit (Radarkontrolle).

2.1.4 Arbeitszeit und Pausen

Um physischen und psychischen Ermüdungserscheinungen vorzubeugen, ist es nötig, den Arbeitsablauf so zu gestalten, daß Über- und Unterforderungen möglichst klein gehalten werden. Dazu gehört eine angemessene Arbeitszeit- und Pausenregelung. Zunächst zur Pausenregelung – sie wird wie folgt differenziert:

Kürzestpausen: von weniger als 1 Minute Dauer,
Kurzpausen: von einer bis zu 8 Minuten Dauer,
Pausen: von mehr als 8 Minuten Dauer.

Bei der Gestaltung der Pausen sind bestimmte *Grundregeln der Pausengestaltung* zu beachten:

- Die Effizienz der Pausen nimmt mit zunehmender Länge ab. Die ersten Pausenanteile haben den stärksten Erholungswert, deshalb sind Kurzpausen sehr wirksam.

- Mit zunehmender Schichtzeit sollten Häufigkeit und Länge der Kurzpausen zunehmen.

- Wie häufig Pausen einzulegen sind, hängt von der Schwere der Arbeit ab.

- Hitze- und Lärmpausen sind nur sinnvoll, wenn sie außerhalb des Lärm- oder Hitzebereichs genommen werden können.

- Pausen sollten nicht mit Nebentätigkeiten ausgefüllt sein.

Gerade der letzte Punkt wird häufig verletzt, wenn Vorgesetzte der Meinung sind, jeder Mensch müsse ständig etwas zu tun haben, sonst sei er faul.

Ein weiteres Problem stellt die Arbeitszeit insgesamt dar. Es ist sehr schwer, die Arbeitszeiten, besonders bei Schichtbetrieb z.B., entsprechend der physiologischen Leistungskurve zu gestalten.

Der individuell unterschiedlichen Leistungsbereitschaft wird deshalb eine möglichst individuelle Arbeitszeitgestaltung noch am ehesten gerecht. Dazu sind auch die Vorteile der gleitenden Arbeitszeit zu sehen, die nicht nur bei Angestellten in Büros, sondern auch in der Produktion durch ein variables Arbeitstempo des Fließbandes praktiziert wird.

Ausgesprochen schwierig ist es, Leistungsbereitschaft und Schichtarbeit zu kombinieren. In der Nacht mit der physiologisch geringsten Leistungsbereitschaft ist die Arbeitsbelastung für einen Schichtarbeiter eben besonders hoch. Dieses Problem wird auch in Zukunft bestehen bleiben, vermutlich als Folge der Automation, die das Rund-um-die-Uhr-Arbeiten geradezu begünstigt, noch zunehmen. Die Bemühungen, die Schichtarbeit humaner zu gestalten, sind vielfältig.

Zum einen betreffen die Lösungsvorschläge die Häufigkeit und Aufeinanderfolge der Schichten; eine andere Lösungsmöglichkeit stellt die starre Dauer einer Schicht in Frage. So wurde versucht, statt einer starren Aufteilung des 24-Stunden-Tages in drei Schichten à 8 Stunden die 24 Stunden unter Berücksichtigung der Leistungsbereitschaft und der allgemeinen Lebensgewohnheiten variabler aufzuteilen.

In der Regel gibt es im Drei-Schicht-Betrieb folgende Schichtzeiten: 6.00 bis 14.00 Uhr; 14.00 bis 22.00 Uhr und 22.00 bis 6.00 Uhr. Die Alternative: eine siebenstündige Schicht von 0.00 bis 7.00 Uhr; eine neunstündige Schicht von 7.00 bis 16.00 Uhr und eine achtstündige Schicht von 16.00 bis 0.00 Uhr.

Gegenüber den üblichen Schichtwechselzeiten ist dann nur noch eine Schicht als sozial- und familienfeindlich anzusehen.

2.2 Motivation und Anreize

Motivation beruflicher Arbeit heißt inhaltlich: *Motivation zur Leistung*. Dahinter steckt die Frage nach dem Warum der Arbeit: Welche Beweggründe gibt es Menschen, etwas zu tun? Oder welche Anreize muß ein Betrieb aufbieten, damit die Menschen in ihm etwas tun? Um die Beantwortung dieser Frage geht es im folgenden Kapitel.

2.2.1 Die Motivation beruflicher Arbeit

Menschen gehen tagtäglich in den Betrieb und machen ihre Arbeit. Aus welchen Gründen eigentlich? Sie müssen doch bestimmt ein Motiv haben.

Motiv heißt nichts anderes als ein *innerer Beweggrund* für eine Verhaltensweise. Das Verhalten des Menschen ist jedoch meist so komplex, daß es schwer fällt, nur ein Motiv als Grund für eine Verhaltensweise herauszufiltern. Meist hat man es mit einem Bündel von Motiven als Ursache für eine Verhaltensweise zu tun und spricht dann von der *Motivation* des betreffenden Menschen.

Beispiel:

Zwei Arbeiter sind sich einig: „Wir brauchen ein Bier!" Deshalb wollen sie zur nächsten Eckkneipe ziehen. Hier wäre Durst als Motiv anzusehen. Unterwegs treffen sie nun einen Kollegen mit einer Kiste Bier: „Wollt ihr 'ne Flasche abhaben?" „Nein, danke!" sagen unsere beiden Arbeiter und ziehen weiter. Nach kurzer Zeit kommen sie lachend aus der Kneipe und gehen dann wieder an die Arbeit.

Durst allein scheint als Motiv nicht auszureichen, den hätten sie mit der angebotenen Flasche Bier löschen können. Für den Gang in die Eckkneipe sind sie wahrscheinlich durch ein Bündel von Motiven bewegt worden (z. B. Unterbrechen der Arbeit, gezapftes Bier trinken, an der Theke Kontakte knüpfen, mit der Wirtin flirten usw.).

Dieses Beispiel macht noch zweierlei deutlich:

Das motivierte Verhalten ist zweckgebunden oder zielgerichtet (hier: u.a. den Durst löschen).

Die Möglichkeiten, ein Motiv zu befriedigen, ist in der Regel kulturell und individuell sehr unterschiedlich. Es wird von gelernten Motiven gesprochen. So wird aus dem angeborenen Motiv Durst zunächst Bierdurst, in diesem Fall sogar das Bedürfnis nach einem gezapften Bier.

Für das motivierte Verhalten zeigt sich meist folgender Ablauf:

- Erfahrung eines Mangelzustandes.

- Positive Erwartung, daß durch ein bestimmtes Verhalten der Mangel beseitigt werden kann.

- Verhalten, von dem angenommen wird, daß es erwartungsgemäß zur Befriedigung führt.

- Befriedigungshandlung.

- Zustand der Befriedigung oder der Sättigung.

Die Motive sind überwiegend nicht statisch, sondern dynamisch, sie schwanken zwischen Mangelzustand und Sättigung periodisch hin und her. So wird meist nach einer Befriedigung und Sättigung über kurz oder lang wieder ein Mangelzustand eintreten, der zu neuen Handlungen veranlaßt.

Für die Beantwortung der Frage, warum Menschen überhaupt etwas leisten, sind diese individuellen Motivationsschwankungen mit in Rechnung zu stellen. – Die Leistung wird neben der Motivation noch von einer anderen Komponente beeinflußt. Im o.a. Beispiel von den Biertrinkern wollten die beiden Arbeiter in die Kneipe gehen. Angenommen, an dem Tag wären alle Kneipen geschlossen gewesen, so wären sie nicht in der Lage gewesen, ihren Durst mit einem gezapften Bier in der Kneipe zu löschen.

Das Verhalten setzt sich also zusammen aus dem, was man will (*Motivation*) und dem, was man kann (*Qualifikation*).

Leistungsverhalten = Motivation × (Fähigkeiten + Fertigkeiten)

Gleiches Leistungsverhalten kann demzufolge ganz unterschiedlich zusammengesetzt sein. Entweder jemand ist hoch motiviert, aber in seinen Fähigkeiten ungenügend ausgebildet, oder jemand hat eine hervorragende Qualifikation, ist jedoch zu wenig motiviert, seine Möglichkeiten auszuschöpfen. Bei beiden kann sich eine durchschnittliche Leistung ergeben. Will man das Leistungsverhalten nun durch eine Steigerung der Motivation erreichen, so ist diese Absicht im ersten Fall praktisch nicht zu verwirklichen oder bringt nur eine relativ geringe Verbesserung, während die Steigerung der Motivation im zweiten Fall durchaus angebracht ist, da sie hier einfacher und vergleichsweise einen größeren Leistungsanstieg erwarten läßt.

Damit ist geklärt, wie sich das menschliche Leistungsverhalten zusammensetzt, jedoch die Frage, warum Menschen tagtäglich zur beruflichen Arbeit gehen, wurde noch nicht beantwortet. Die Antwort kann auch nicht schwierig sein: Selbstverständlich braucht man Geld, um zu leben, und Geld verdient man eben durch die berufliche Arbeit. Geld als das Motiv zur beruflichen Arbeit? Es gibt genügend wohlhabende Leute, die arbeiten, obwohl sie es finanziell nicht nötig haben. Geld allein reicht als Motiv nicht aus, obwohl es für die meisten Menschen ein unverzichtbarer Beweggrund ist und bleibt. Das hängt damit zusammen, daß Geld für verschiedene Menschen etwas ganz Unterschiedliches bedeuten kann. Für den einen ist es Mittel, um andere Bedürfnisse befriedigen zu können; für den anderen Selbstzweck.

Welche *Bedürfnisse* überhaupt angesprochen werden können, dafür bietet die Theorie von Maslow einen Anhaltspunkt. Maslow unterscheidet fünf aufeinander aufbauende Bedürfnisstufen:

- *Menschliche Grundbedürfnisse*: Nahrung, Ruhe, Sex usw.
- *Sicherheitsbedürfnisse*: Ordnung, Freiheit von Entbehrung, Frieden, Schutz vor Bedrohung usw.
- *Bedürfnisse nach mitmenschlicher Zuwendung*: Freundschaft, Zugehörigkeit, Diskussion usw.
- *Bedürfnisse nach Anerkennung*: Anerkennung, Erfolg, Status, Prestige usw.
- *Bedürfnisse nach Selbstverwirklichung*: Leistung, Aktivität, Abwechslung, individuelle Freiräume usw.

Das Modell von Maslow ist nur ein Anhaltspunkt. Mit der Hierarchie der Bedürfnisse kann nicht ausgesagt werden, welche Motive die wichtigsten für eine gewünschte Leistung sind. Das kann je nach Situation, Aufgabe und Persönlichkeitsstruktur sehr unterschiedlich sein.

Nach Maslows Auffassung ist das jeweils *niedrigere Motiv* das subjektiv verhaltensbestimmende, solange es unbefriedigt ist. Ist es befriedigt, so kann das *nächsthöhere Motiv* verhaltensbestimmend werden. Wer z.B. nicht genügend verdient, um seine Grundbedürfnisse zu befriedigen, dem werden Sicherheit, Kontakt, Ansehen und Selbstverwirklichung ziemlich gleichgültig sein. Er wird hauptsächlich versuchen, mehr Geld zu verdienen.

Je höher man in einer betrieblichen Hierarchie aufgestiegen ist, desto wahrscheinlicher werden die unteren Bedürfnisse befriedigt werden können. Top-Manager äußerten in einer Befragung die stärkste Befriedigung ihrer Bedürfnisse nach eigenständigem Handeln und der Verwirklichung eigener Ideen.

Also: Je mehr Bedürfnisse befriedigt werden, desto zufriedener und damit leistungsmotivierter ist der Mensch?

Unabhängig davon, daß die Zufriedenheit eine subjektive Größe ist, in die persönliche Wertvorstellungen mit eingehen, haben Untersuchungen des Amerikaners Herzberg ergeben, daß die Motivation zur beruflichen Arbeit von zweierlei Motivkategorien unterschiedlich beeinflußt wird.

Es gibt betriebliche Einflußgrößen, durch die Unzufriedenheit vermieden oder abgebaut wird, und es gibt andere Einflüsse, die geeignet sind, Zufriedenheit bei den Berufstätigen herbeizuführen.

Unzufriedenheit wird nach Herzberg im wesentlichen durch die sogenannten *Hygiene-Faktoren* vermieden. Dazu gehören: gute Unternehmungspolitik und -verwaltung, gute Personalführung, gute Entlohnung, gute Arbeitsbedingungen, kooperative Beziehungen zum Vorgesetzten, zu Kollegen und Mitarbeitern usw.

Zufriedenheit ist bedingt durch die sogenannten *Motivatoren*: Hierzu gehören die Leistung selbst, die Art der Aufgabe, die Freiräume zur selbständigen Gestaltung, Übertragung von Verantwortung, Aufstieg usw.

2.2.2 Extrinsische und intrinsische Motivation

Eingangs wurde gefragt, ob Geld das einzige Motiv sei, weswegen die Menschen arbeiten. Dabei zeigte sich, wie vielschichtig deren

Bedürfnisse sind und wie unterschiedlich sie auf die Leistung bzw. Zufriedenheit wirken.

Die Unterscheidung von Herzberg in Hygiene-Faktoren und Motivatoren ergab einen Hinweis darauf, daß das, was Arbeit genannt wird, gleichzeitig sehr verschiedene Motive befriedigt.

Die Motive beruflicher Arbeit lassen sich in zwei Gruppen einteilen:

- Jene Motive, die nicht in der Tätigkeit selbst liegen, sondern durch die Rahmenbedingungen der Tätigkeit oder die Folgen der Tätigkeit befriedigt werden. Man nennt sie *extrinsische Arbeitsmotive*.

- Jene Motive, die ein Teil der Arbeit selbst sind oder durch die Arbeit selbst befriedigt werden. Man nennt sie *intrinsische Arbeitsmotive*.

Die extrinsischen Arbeitsmotive werden in der Regel durch die Hygiene-Faktoren befriedigt. Dabei wird gerade in der Bundesrepublik eine Motivgruppe als besonders wichtig angesehen: die *Sicherheitsbedürfnisse*. In einer Wohlstandsgesellschaft ist jeder bemüht, daß das, was er erworben hat, auch möglichst in der Zukunft gesichert bleibt.

Ein anderes wichtiges extrinsisches Arbeitsmotiv ist das *Geltungsbedürfnis*. Die berufliche Stellung ist ein wichtiges Indiz dafür, wie man innerbetrieblich und außerbetrieblich angesehen wird, wie hoch das Prestige ist.

Ein biologisches Geltungsbedürfnis gehört ebenfalls zu den extrinsischen Arbeitsmotiven: die *Sexualität*. Betriebe sind häufig die größten Heiratsmärkte. Die Arbeit dient dazu, Kontakte zum anderen Geschlecht aufzunehmen, die die Leistung sowohl fördernd als auch hemmend beeinflussen.

So wichtig die Befriedigung solcher extrinsischer Motive auch ist, sie bewahren einen vor einer Unzufriedenheit. Noch wichtiger für das Individuum sind die intrinsischen Motive, die durch die Arbeit selbst befriedigt werden können. Hierzu zählt z.b. der *Wunsch zum Tätigsein*, wobei ein mittleres Maß angestrebt wird, das weder langweilt noch überlastet.

Zu nennen ist ferner das *Kontaktbedürfnis*. Durch die arbeitsteilige Arbeit sind die Menschen heute immer stärker darauf angewiesen, mit anderen Menschen zusammenzuarbeiten.

Schließlich gibt es noch das *Machtstreben*, d.h., mit den eigenen Vorstellungen andere Personen zu beeinflussen, und den *Wunsch nach persönlicher Entfaltung und Selbstverwirklichung*, d.h. eigene Vorstellungen entwickeln, kreative Lösungen produzieren bzw. nachvollziehen können, welchen persönlichen Beitrag jemand sinnvollerweise leisten kann und soll.

2.2.3 Anreize zur Beeinflussung der Arbeitsleistung und Arbeitszufriedenheit

Die Unterscheidung der Arbeitsmotive in extrinsische und intrinsische führte schon zu den beiden Zielen, die durch Anreize erreicht werden sollen:

- Leistung im Sinne der selbstgesteuerten Leistung.

- Zufriedenheit der Betriebsangehörigen.

Das erste Ziel wird dabei mehr durch die marktwirtschaftliche Wettbewerbssituation beeinflußt, während sich das zweite eher gesellschaftspolitisch herleiten läßt. Die betriebliche Anreiz-Politik wird beide Ziele nicht optimal erreichen können; es wird ein Kompromiß sein zwischen dem, was gesellschaftspolitisch erwünscht (im Sinne des Grundgesetzes) und marktwirtschaftlich erforderlich ist (im Sinne einer gewinnorientierten Leistungsgesellschaft). Grundsätzlich sollte man die Anreize danach aussuchen, daß sie beiden Zielen gleichermaßen dienen können. Folgende Zusammenhänge wurden im Rahmen der Betriebspsychologie gefunden:

Bezahlung

Zufriedenheit:
Wenn die Bezahlung verglichen mit der anderer subjektiv als günstig angesehen wird.

Leistung:
Wenn die Bezahlung als Folge einer guten Leistung erlebt wird und eher als Überbezahlung für die erbrachte Leistung angesehen wird.

Arbeitszeit

Zufriedenheit:
Wenn der Mitarbeiter seine Arbeitszeit im Rahmen längerer Perioden selbst einteilen kann, z.B. durch gleitende Arbeitszeit.

Leistung:
Indirekt durch selbständige Zeitplanung: Verringerung von Fehlzeiten, konzentrierteres Arbeiten.

Führungsstil

Zufriedenheit:

Wenn Mitarbeiter sich als Individuen mit persönlichen Wünschen, Erwartungen, Empfindungen akzeptiert fühlen.

Leistung:

Zugleich mitarbeiter- und aufgabenorientierter Führungsstil, d.h., wenn bewußt zur Zielerreichung aufgefordert wird, nachvollziehbare Handlungsanweisungen erteilt werden, Teilaufgaben mit den dazugehörenden Verantwortungen und Rechten delegiert werden.

Kommunikation

Zufriedenheit:

Wenn Kommunikation als wirkliches Gespräch zwischen Partnern stattfindet und Informationen direkt ausgetauscht werden, um Gerüchte zu vermeiden.

Leistung:

Das Gefühl, über alle Probleme direkt sprechen zu können, übt indirekten Einfluß auf die Leistung aus: z.B. Rückgang von Fehlzeiten.

Arbeitsinhalt

Zufriedenheit:
Entweder als Mittel zum Zweck des Geldverdienens oder als Leistungsmotiv.

Leistung:
Abwechslungsreiche Tätigkeit, ein den Fähigkeiten und Fertigkeiten angemessener Schwierigkeitsgrad der Aufgabe. Erfordernis solcher Fähigkeiten, die der Mitarbeiter selbst für wertvoll hält. Informationen über Ergebnisse und Beurteilung seiner Arbeit

2.3 Eignungsdiagnostik

2.3.1 Psychologische Tests als Methode der Eignungsfeststellung

Die *Leistungskapazität*, neben den Umgebungsfaktoren der zweite Faktor der individuellen Leistungsfähigkeit, setzt sich aus mehreren *Komponenten* zusammen: Begabung, Ausbildung (Wissen) und Erfahrung (Können).

Lassen sich Wissen und Können relativ leicht überprüfen, so ist die Diagnose der Begabung problematisch und mit methodischen Schwierigkeiten verbunden.

Begabungen sind keine feststehenden Eigenschaften, sondern werden in starkem Maße von der Umwelt beeinflußt. Anregung durch die Eltern und die Erziehung haben eine fördernde oder hemmende Wirkung.

Nun wäre es für einen Betrieb relativ gleichgültig, ob die Begabung eines Bewerbers angeboren oder durch Umwelteinflüsse erworben ist, wenn nicht die Feststellung der Begabung, die Eignungsprüfung, selbst wieder umweltabhängig wäre.

Ein Eignungstest liefert ja keine direkte Aussage über die „individuelle Leistungskapazität". Das Testresultat stellt eine bestimmte Leistung dar, von der auf die Begabung des Getesteten geschlossen wird. Für eine möglichst gute Schätzung der Leistungskapazität ist es nun erforderlich, daß alle übrigen Einflußfaktoren möglichst klein und konstant gehalten werden. Deshalb werden an eine psychologische Eignungsprüfung bestimmte methodische Anforderungen gestellt, um als Eignungstest gelten zu können.

Ein *Eignungstest* ist eine standardisierte Situation zur Feststellung eines Verhaltens, das in seiner individuellen Ausprägung Rückschlüsse auf den Erfolg in einem bestimmten Beruf oder bei einer bestimmten Tätigkeit zuläßt.

Standardisiert bedeutet dabei, daß ein Test drei bestimmte *Gütekriterien* erfüllen muß:

Objektivität: Ein Test ist objektiv, wenn verschiedene Auswerter zu demselben Ergebnis kommen, und wenn die Testsituation so beschaffen ist daß die Testdurchführung nicht durch andere Faktoren beeinflußt wird (z.B. Klima, Tageszeit, Lärm, Ermüdungsgrad ...).

Zuverlässigkeit: Ein Test ist zuverlässig, wenn er zu unterschiedlichen Zeiten unter denselben Bedingungen zu demselben Ergebnis kommt.

Gültigkeit: Ein Test ist gültig, wenn er das mißt, was er zu messen vorgibt. Dafür ist ein Gültigkeitskriterium nötig. Bei einem Eignungstest ist dies irgendein Maß für den beruflichen Erfolg (Urteil des Vorgesetzten, Leistungsbeurteilung, Umsatzzahlen, Fehlerstatistiken ...).

Ein Test wird aber erst dann ein brauchbares Auswahlverfahren, wenn die erzielten Testergebnisse auch auf entsprechendes Verhalten schließen lassen. Gute Testergebnisse sollten nur von Personen gebracht werden können, die auch überdurchschnittliche Berufsleistungen bringen, schlechte nur bei solchen, die im Beruf nichts Rechtes vollbringen. Jeder Test muß also auf seine Fähigkeit zur Verhaltensvorhersage getestet werden, bevor er zur Auswahl neuer Mitarbeiter eingesetzt wird. Diese Fähigkeiten sind natürlich sehr vielfältig. Sie variieren bekanntermaßen von Arbeitsplatz zu Arbeitsplatz.

Es wäre daher nahezu unmöglich, für jeden Beruf einen besonderen Test zu entwickeln. Zerlegt man das menschliche Verhalten jedoch in seine einzelnen Komponenten, so kommt man zu einer Art „Eigenschaftsraster", das sich in jedem konkreten Verhalten wiederfinden läßt. Zu jedem dieser Bausteine kann man nun einen Test entwickeln, mit dem der individuelle Ausprägungsgrad in der betreffenden Fähigkeit festgestellt werden kann, so beispielsweise logisches Denken, Wahrnehmungsgenauigkeit, Raumvorstellung, Zahlenlogik usw.

In der Praxis wird dann eine bestimmte Reihe solcher Einzeltests zusammengefaßt und als *Testbatterie* zur Erfassung der verschiedenen Begabungen eingesetzt.

Beispiele für solche Testbatterien sind der IST (Intelligenz-Struktur-Test von Amthauer mit den Schwerpunkten Sprachlogik und Zahlenlogik) und das Leistungsprüfsystem LPS von Horn, das dann eingesetzt wird, wenn bei niedrigem allgemeinem Begabungsniveau noch zu differenzieren ist. Solche Tests, die die intellektuellen bzw. psychomotorischen Fähigkeiten messen, werden als *Leistungstest* zusammengefaßt und von den *Persönlichkeitstests* abgegrenzt.

Darunter sind Tests zu verstehen, die die Persönlichkeitsmerkmale wie Introversion, Extraversion, Neurotizismus sowie Einstellungen und Interessen erfassen sollen. Die Gültigkeit solcher Persönlichkeitstests ist nun nicht so eindeutig zu bestimmen wie bei den Leistungstests. Insbesondere sind die hierbei gemessenen Merkmale wie Einstellungen und Interessen meist sehr stark von der Umwelt beeinflußt.

Hier läßt sich meist mehr mit einem *Einstellungsinterview* herausfinden, in dem ein Interviewer mit detaillierter Kenntnis des Betriebes gezielt die Informationen herausfragt, die ihn bzw. den Betrieb für eine Einstellung interessieren.

Schwierigkeit, das Führungspersonal objektiv, zuverlässig und gültig zu erfassen, liegt im wesentlichen darin, daß es in einer Auslesesituation nur schwer gelingt, die Komplexität des täglichen Berufslebens nachzuvollziehen. Deshalb wird in einer Ausleseveranstaltung eine Vielfalt von Ausleseinstrumenten benutzt, deren einzelne Aussagen sich durchaus überschneiden können, z.B.: Bewerbungsbogen, Leistungs- und Persönlichkeitstests, führerlose Gruppendiskussion und Interview.

2.3.2 Eignung und Auslese

Die Einsetzung komplexer Programme zur Ermittlung des Anwärterpotentials dient auf der einen Seite dazu, sich ein genaues Bild über die Leistungskapazität eines Bewerbers zu machen, andererseits soll mit Hilfe der so gewonnenen Informationen aber ein möglichst gültiges Urteil über die Eignung für einen bestimmten Beruf abgegeben werden können.

Um eine solche Eignungsentscheidung treffen zu können, sind jedoch Kriterien erforderlich, d.h. in diesem Falle Informationen über alle berufswichtigen Merkmale. Diese *Berufsanforderungen* zu ermitteln, bedeutet dabei wiederum die genannten Gütekriterien objektiv, verläßlich, gültig zu erfüllen. Ein in der Praxis häufig verbreitetes eindruckmäßiges Abschätzen der Anforderungen ist recht unbefriedigend. Besser ist es, einen der folgenden Wege zu beschreiten:

• Arbeitsplatz- und Tätigkeitsanalysen.

• Psychologische Untersuchung der Berufsausübenden.

• Analysen des Materials zur Bewährungskontrolle für Eignungsuntersuchungen.

Wenn es so gelungen ist, sich ein differenziertes, objektivierbares Bild zu verschaffen, ist man der Lage, ein *Eignungsurteil* zu fällen, d.h. die Aussage darüber, ob die individuellen Voraussetzungen den beruflichen Anforderungen eines bestimmten Berufes entsprechen. Dabei sollten Eignungsurteile stets:

– eindeutig auf einen bestimmten Beruf (Stelle, Tätigkeit) bezogen,

– den vorliegenden Informationen über Anwärter und Anforderungen,

– nach Graden ausreichend differenziert und

– möglichst mit dem Grad ihrer Gültigkeit bezeichnet sein.

Strikt von der Eignung ist die Auslese zu trennen. Die *Ausleseentscheidung* wird als sogenannte institutionelle Entscheidung weitgehend bestimmt durch eine optimale Zweckmäßigkeit und wirtschaftlichen Nutzen für den Betrieb und muß zugleich stets soziale, soziologische sowie weitere inner- und außerbetriebliche Belange (Personalbedarf, Ausleseverhältnis, Alterszusammensetzung der Belegschaft, Konjunkturlage auf dem Arbeitsmarkt, Produktionserweiterungen, Rationalisierungen) erfüllen. Ausleseentscheidungen sind somit nicht nur wie die Eignungsfragen überwiegend eine Sache der angewandten Psychologie, sondern auch oder weitgehend eine Sache der Betriebs- und Volkswirtschaft, der Soziologie, der Sozialpolitik und der Politologie.

2.3.3 Bewährungskontrollen

Die Qualität bzw. der Qualitätsvorsprung diagnostischer Auslesemethode gegenüber vorwissenschaftlichen Auslesepraktiken wie z.b. der Graphologie liegt in der Art ihrer Bewährungskontrollen. Während z B. die Graphologie ihre tatsächliche Leistungsfähigkeit nicht kennt, arbeiten psychologische Test mit bekannten Bewährungswahrscheinlichkeiten.

Bewährung wird hierbei mit zweifacher Bedeutung verwendet:

– um den späteren Berufserfolg der Ausgelesenen vorauszusagen,

– um den Grad der Gültigkeit von benutzten Auslesemethoden zu bestimmen.

Das Hauptproblem bei den Bewährungskontrollen ist das Auffinden von *Kriterien für die Berufsbewährung* der Ausgelesenen, insbesondere was ihre Repräsentativität, Zuverlässigkeit und Gültigkeit angeht.

Bei Kriterien lassen sich objektive, wie Produktionsergebnisse, Einkommen, Zahl der Beförderungen usw., von subjektiven, wie Beurteilungsgespräche, und außerdem sogenannte gemischte Kriterien unterscheiden.

Alle bis heute benutzten Kriterien sind im wesentlichen *institutionell orientiert*, d.h. der Nutzen für den Betrieb ist der Maßstab, an dem die Bewährung des Individuums gemessen wird.

Es würden sich hinsichtlich der Karriereplanung und einer leistungsfördernden Zufriedenheit im beruflichen Arbeitsleben ganz neue Perspektiven eröffnen, wenn es gelänge, auch individuell orientierte Kriterien systematisch zu erfassen und bei den Bewährungskontrollen, bei Eignungsfeststellungen und Entscheidungsprinzipien genauso zu berücksichtigen wie institutionelle Kriterien. Bei individuellen Kriterien wäre der die Bewertung determinierende Maßstab allein die Befriedigung der Bedürfnisse der Individuen.

3 Sozialpsychologie

3.1 Kommunikation und Interaktion im Betrieb

3.1.1 Sach- und Beziehungsaspekt der Kommunikation

Die Betriebspsychologie beschäftigt sich mit den sozialen Beziehungen im Betrieb. Abgegrenzt zur Betriebssoziologie interessiert dabei mehr die individuelle, personenbezogene Seite der Medaille „menschliches Verhalten".

Die *sozialen Beziehungen* sind hierbei nicht als ein gegebener Zustand anzusehen, sondern sie sind das *Ergebnis eines fortlaufenden Prozesses*. Im Laufe unserer täglichen Arbeit werden ständig alle möglichen Informationen ausgetauscht, sei es nun im formellen betriebsbezogenen Sinn oder in informellen, privaten Dingen. Dieser Austausch von Informationen wird als *Kommunikation* bezeichnet.

Als Kommunikationsmittel oder Medium dienen sowohl verbale (Schrift, Sprache usw.) wie auch nonverbale Informationen (Gestik, Mimik usw.); entsprechend wird von einer *verbalen* bzw. *nonverbalen* Kommunikation gesprochen.

Gleichwie, ob verbal oder nonverbal, es geht um Informationen, um deren Übermittlung, deren Verständnis, deren Darbietung.

Daß Kommunikation nicht so einfach ist, dafür sprechen zum einen der immer wieder genannte Wunsch nach Verbesserung der innerbetrieblichen Kommunikation, zum anderen das eigene Erlebnis: daß man in einen Streit gerät, obwohl alles ganz harmlos angefangen hatte.

Beispiel:

Der Leser stelle sich folgende Situation vor. Ein abgeschlaffter Ehemann sitzt Mittwoch abend vor dem Fernseher und verfolgt sein Europa-Cup-Spiel. Plötzlich sieht er sein Bier zur Neige gehen. „Oh, mein Bier ist alle!" sagt er in den Raum. Aus dem Raum (die Ehefrau saß mit im Zimmer und las Zeitung) kommt die Antwort: „Geh dir man schön dein Bier selbst holen". Darauf er: „Was du immer hast, ich hab' doch nur gesagt, mein Bier ist alle!" Darauf sie: „Das ist doch ..." usw.

Was die Aussage des Fußball-Fans angeht: Oh, mein Bier ist alle! – oberflächlich betrachtet, wird damit eine inhaltliche Information gegeben: Das Bier ist alle. Bei näherem Betrachten bzw. wenn man die Gesamtsituation berücksichtigt, kommen noch mehr Informationen zum Vorschein. Da ist:

– eine Aussage über den Sprecher selbst,	d.h., welche Bedeutung hat der Inhalt für ihn
– eine inhaltliche Aussage,	d.h. der Inhalt selbst,
– eine Aussage über die erwartete Rolle seines Zuhörers	d.h., welche Bedeutung sollte der Inhalt für den Angesprochenen haben.

Zu diesem Beispiel könnte der Klartext des Ehemannes lauten: „Ach wie dumm, ich habe keinen Biervorrat mehr. Wie komm ich ans Bier, ohne jetzt gerade vom Fernseher wegzumüssen? Vielleicht holt sie mir ein Bier aus der Küche, wenn ich ... s.o ...?!"

Wie die Reaktion der Ehefrau zeigte, wurden von ihr derartige Überlegungen richtig erahnt und entsprechend beantwortet. Als der Ehemann sich dann auf die inhaltliche Aussage zurückzog und damit seiner Frau das eigentlich richtige Verstehen nicht bestätigte, wird diese nun verunsichert, verärgert und zündet die zweite Stufe der Streit-Rakete.

Dieses kleine Beispiel sollte den Leser mit einer der häufigsten Ursachen gestörter Kommunikation im Betrieb bekannt machen, die Unkenntnis oder die Nichtbeachtung der wohl wichtigsten Kommunikations-Erkenntnis: Jede Kommunikation hat immer einen *inhaltlichen Aspekt* und gleichzeitig einen *beziehungsmäßigen Aspekt*.

Die im betrieblichen Geschehen häufig zu hörende Redewendung: „Nun werden Sie aber bitte sachlich!" muß also nicht bedeuten, daß der Angesprochene unsachlich geworden war. Es kann vielmehr sein, der Betreffende ist nicht in der Lage, z.B. den Tonfall oder die Lautstärke als Beziehungsaussage zu entschlüsseln. Durch eine Aufforderung, sachlich zu werden, wird in diesem Beispiel eher das Gegenteil erreicht. Da die Beziehungsebene verboten scheint, muß sie als unausgesprochener, gefühlsmäßiger Ballast mit herumgeschleppt werden und vergiftet meistens die Beziehungsatmosphäre, das Betriebsklima.

3.1.2 Einweg- und Zweiweg-Kommunikation

Die betriebliche Kommunikation findet unter Bedingungen statt, die ganz bestimmte Beziehungen zu den übrigen Mitmenschen schon vorgeben: gemeint ist die *Hierarchie*. Die Kommunikation zwischen Vorgesetzten und Mitarbeitern wird sich mindestens im Beziehungsaspekt unterscheiden von einer Kommunikation unter Kollegen.

Unabhängig von der hierarchischen Beeinflussung der Kommunikation kann die betriebliche Kommunikation dadurch störanfällig werden, wenn man sich die Art der Kommunikation nicht bewußt machen kann.

Bei einem Referat handelt es sich um eine andere Kommunikationsform als in einer Diskussion über das Referat. Im ersten Fall, der *Einweg-Kommunikation*, bleiben die Rollen statisch. Einer, der Referent, hat die Rolle des Senders, die übrigen, die Zuhörer, übernehmen die Rolle des Empfängers.

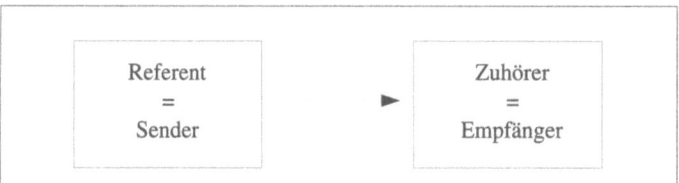

Abbildung 4: Einweg-Kommunikation

In der Diskussion wird aus der Einweg-Kommunikation eine *Zweiweg-Kommunikation*, d.h., die Rollen des Senders bzw. Empfängers wechseln ständig.

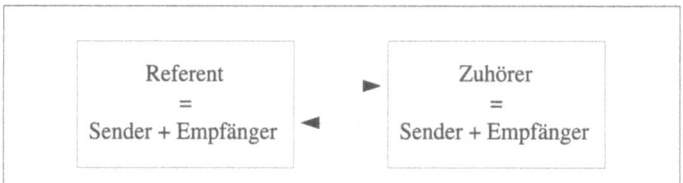

Abbildung 5: Zweiweg-Kommunikation

In der Einweg-Kommunikation gibt es deshalb häufig eine aktive und eine passive Rolle. Diese Form der Kommunikation ist strenggenommen etwas höchst Unnatürliches und kann sich nur dank eines hierarchischen Über-/Unterordnungsprinzips halten bzw. als sinnvoll erweisen.

Kommunikation zwischen Menschen ist größtenteils eine Zweiweg-Kommunikation, d.h. mit einem ständigen Wechsel von Aktion/Reaktion/Aktion/Reaktion für die beteiligten Menschen.

Diese Form, die Zweiweg-Kommunikation, wird daher auch als *Interaktion* oder *wechselseitige Kommunikation* bezeichnet.

Wie eingangs erklärt wurde, befaßt sich die Betriebspsychologie mit den sozialen Interaktionen. Als Maxime kann nun formuliert werden: Dem Betriebspsychologen geht es im wesentlichen darum, wirkliche Interaktionen zwischen den Menschen einer Organisation zu ermöglichen bzw. die Bedingungen dafür herauszufinden und sie zu schaffen.

Selbstverständlich gibt es viele Arbeitssituationen, in denen die Einweg-Kommunikation die sinnvollere Interaktionsform ist, z.B. in Notsituationen, weil sie schneller ist oder bei Routineaufgaben, weil mit eindeutigen Begriffen oder Handlungsabläufen operiert wird. Die Einweg-Kommunikation sollte aber immer das Ergebnis einer davor stattgefundenen Zweiweg-Kommunikation sein. Weniger abstrakt formuliert heißt das: Die innerbetriebliche Kommunikation oder Interaktion funktioniert dann am besten, wenn alle Beteiligten über einen Inhalt sprechen könnten und sich auf ein gemeinsames Verfahren geeinigt haben.

3.1.3 Kommunikationsnetze

Die bisherigen Ausführungen über Kommunikation bezogen sich zumeist auf Zweier-Gespräche. Obwohl sich alle Interaktionen in Zweier-Interaktionen zerlegen lassen, sind die betrieblichen Interaktionen häufig in ein Gruppengeschehen eingebettet. Dabei lassen sich nun verschiedene Kommunikationsstrukturen oder Kommunikationsnetze entdecken, die bestimmte Gruppenmitglieder allein auf Grund ihrer Position innerhalb des Netzes entweder bevorzugen oder benachteiligen.

Bei dem Anliegen, soweit wie möglich Zweiweg-Kommunikation oder Interaktionen zu schaffen, ist diese Tatsache unbedingt zu berücksichtigen.

Mit Hilfe bestimmter Kennzahlen läßt sich dabei für alle Angehörigen einer Gruppe ihre Distanz, d.h. die Anzahl der Kommunikationskanäle bestimmen, die sie benötigen, um auf kürzestem Wege untereinander in Kontakt zu treten.

Gemessen an dem Wunschbild, daß jeder mit jedem direkt interagieren kann, ergibt sich eine aufsteigende Rangordnung, wie auf der folgenden Seite abgebildet.

Unter kommunikativen Gesichtspunkten ist demnach die Vollstruktur als Gruppenstruktur am besten geeignet, sowohl wirkliche Interaktionen zuzulassen als auch den *Inhalts-* und *Beziehungsaspekt* gleichzeitig und gleichberechtigt zu berücksichtigen.

Dieses kommt in der Regel der Qualität der Leistung und der subjektiven Zufriedenheit der Beteiligten zugute. Diese Art der Interaktion hat jedoch ihren Preis, sie kostet zunächst mehr Zeit, und Zeit ist eines der knappsten Güter im betrieblichen Alltag.

Nun würde man der Vollstruktur etwas anlasten, wofür sie zunächst nichts kann, wenn man behauptet: Die Vollstruktur möge in der Theorie was taugen, in der Praxis sei sie leider nicht machbar! Die erforderliche lange Zeit habe man eben nicht. Es kommt aber darauf an, wofür die Zeit eigentlich verbraucht wird. Beobachtungen von Gruppenarbeiten ergeben häufig, daß die meiste Zeit nicht für die sachlich erforderlichen Interaktionen verwendet wird, sondern mehr für persönliche Profilierungsspiele der Beteiligten, die wenig zu einem gemeinsamen Ergebnis beitragen. Auf Grund solcher Erfahrungen könnte der Satz entstanden sein: „Das einzige,

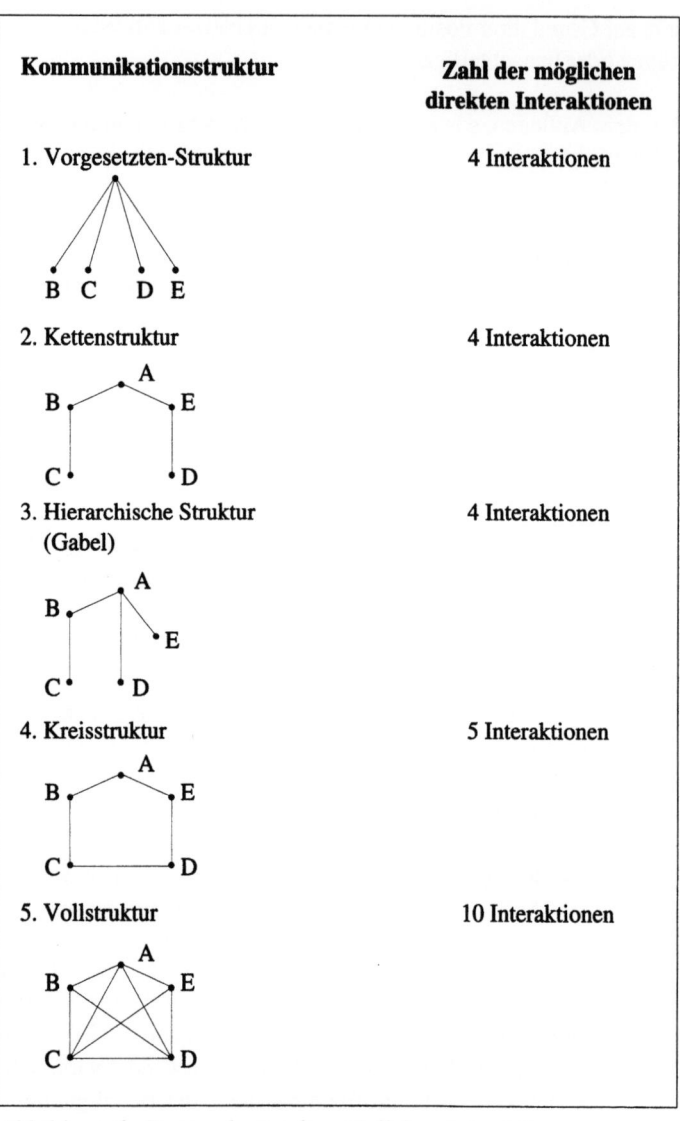

Abbildung 6: Rangordnung der möglichen Interaktionen

was aus einer Konferenz herauskommt, sind die frustrierten Teilnehmer". Das Arbeiten in Gruppen ist eben nicht einfach und will gelernt sein, ebenso das Kommunizieren in einer Gruppe bzw. in einer gleichberechtigten Vollstruktur.

3.2 Das Individuum in der Gruppe

3.2.1 Der Leistungsvorteil von Gruppen

Die meiste Zeit des Arbeitslebens verbringen die Menschen als Mitglied einer Gruppe. In wirtschaftlichen Organisationen oder Betrieben kann sich jedes Mitglied einer bestimmten Abteilung zurechnen. Dennoch hört man häufig die Bezeichnung, jemand sei ein Einzelkämpfer, weniger häufig dagegen, jemand sei ein prima Gruppenmitglied. Hier mag vielleicht ein Grund dafür liegen, weswegen die Gruppenarbeit in der Praxis nicht so recht klappt: Es fehlt eben an einer entsprechend positiven Einstellung.

Vielleicht hilft es, sich die prinzipiellen Vorteile der Gruppenarbeit einmal klar zu machen. Jedoch ist zunächst ein gemeinsames Verständnis von diesem sozialen Gebilde *Gruppe* notwendig.

Unter Gruppe soll folgendes verstanden werden:

- ein Interaktionsgefüge mit mehr als zwei Menschen,

- die wiederholt zusammenkommen und

- ein bestimmtes Ziel erreichen wollen.

- Durch die sich miteinander entwickelnden Interaktionen werden eine immer deutlicher werdende Klärung der Beziehungen untereinander und

– eine Abgrenzung zu anderen sozialen Gruppen
– im Verlaufe einer bestimmten Zeit erreicht.

Aus dieser Definition wird vielleicht schon eines deutlich: Gruppenarbeit wird als ein *Klärungsprozeß* begriffen, der bestimmte Voraussetzungen hat, um zu funktionieren. Für Klärungsprozeß läßt sich pragmatisch auch Lernmöglichkeit sagen, somit käme man zu einem prinzipiellen Vorteil der Gruppenarbeit gegenüber der Einzelarbeit. Relativ unabhängig vom erzielten Ergebnis bietet die Gruppenarbeit selbst viele Möglichkeiten für die Teilnehmer, etwas dazuzulernen: z.B., wie sehe ich ein gestelltes Problem? Wie sehen es die anderen? Wie stark kann ich mich für etwas engagieren? Wie sehr werde ich von anderen gebraucht? Wer denkt so wie ich? ... usw.

Aber es gibt noch weitere Vorteile einer Gruppe. Im Betrieb ist die Gruppe als Arbeitsgruppe oder, wie sie auch bezeichnet wird, als *leistungsorientierte Gruppe* relevant. Gerade unter dem Leistungsaspekt betrachtet, wird von Sozialpsychologen hinsichtlich der Gruppe auf den sogenannten Leistungsvorteil der Gruppe gegenüber den isoliert betrachteten Einzelleistungen der Gruppenmitglieder hingewiesen. Durch Kräfteaddition oder durch Diskussion kommt eine Gruppe zu schnelleren und/oder abgewogeneren Ergebnissen. Die Beteiligten werden ihrer Sache auch sicherer sein, da viele Fragen automatisch während der Zusammenarbeit geklärt werden können.

Es scheint zunächst plausibel, daß die Leistung besser ist. „Vier Augen sehen mehr als zwei", sagt das Sprichwort, aber auch: „Viele Köche verderben den Brei." Deshalb soll an dieser Stelle nachdrücklich darauf hingewiesen werden: Der Leistungsvorteil von Gruppen ergibt sich nur dann, wenn ganz bestimmte Voraussetzungen erfüllt sind.

3.2.2 Rollen und Status der Gruppenmitglieder

Wie in der obigen Definition der Gruppe angeführt, ist die Gruppenarbeit ein Prozeß, in dessen Verlauf den Beteiligten das gegenseitige Beziehungsgeflecht immer durchsichtiger und klarer werden soll. Etwas weniger allgemein kann dafür gesagt werden, den Beteiligten wird klar,

- was von ihnen erwartet wird, das heißt, welche Rolle sie bei der Gruppenarbeit spielen sollen (Rolle),

- ob und wie ihr Verhalten dem entspricht, was von ihnen erwartet wird, d.h., ob sie in ihrer Rolle von den übrigen anerkannt oder abgelehnt werden (Status).

Um diesen gewünschten Klärungsprozeß funktionsfähig zu machen, sind einige Voraussetzungen zu berücksichtigen:

■ **Mitgliederzahl**

Obwohl es generell schwer möglich ist, eine optimale Größe einer Gruppe anzugeben (das hängt von zu vielen Variablen ab), hat sich bei der Bearbeitung offener Themen (sogenannte Problemlösungsgruppen) eine *Größe von 5 bis 7 Mitgliedern als optimal erwiesen.* Das hängt mit den relativ guten und häufigen Kontaktmöglichkeiten zusammen. Bei solcher Größe ist die Vollstruktur als ideales Kommunikationsnetz noch am leichtesten zu organisieren.

■ **Gruppenziel**

Die wichtigste Frage, welche Rolle ein Gruppenmitglied während einer Gruppenarbeit spielen soll, läßt sich nur dann befriedigend beantworten, wenn das Ziel der Gruppe allen Gruppenmitgliedern bekannt und einsichtig ist.

Das Ziel der Gruppe ist dabei nicht einfach die Summe der Ziele der einzelnen Gruppenmitglieder, auch wenn die Ziele untereinander sehr ähnlich oder begrifflich sogar dieselben Ziele sind. Der Grund dafür ist uns schon bekannt. Bei gleichem Inhalt kann und wird es in der Regel sehr unterschiedliche Beziehungen, d.h. subjektive Bedeutungen für ein Ziel geben.

Das *Ziel der Gruppe* ergibt sich folglich erst in dem Moment, in dem die individuellen Bedeutungen, Meinungen, Sichtweisen ausgetauscht und annähernd auf einen gemeinsamen Nenner gebracht wurden.

Die Wege, wie diese Einigung erreicht wird, können verschieden sein. Entweder ein Kompromiß zwischen den Gruppenmitgliedern oder ein Mehrheitsbeschluß oder die Entscheidung einer Person können die Einigung herbeiführen.

Wichtiger als die Art der Einigung ist die Zustimmung der Gruppenmitglieder zu der Einigung. Ein Gruppenziel wird so lange das Ziel der Gruppe bleiben, wie den Beteiligten klar und einsichtig bleibt, warum sie einer Einigung zustimmen konnten und/oder können. Erst wenn dieses gemeinsame Ziel gefunden wird, ist es den Gruppenmitgliedern möglich, eine vorherbestimmte Rolle bestmöglich auszufüllen beziehungsweise eine bestimmte Rolle zu übernehmen.

■ **Gruppen-Normen**

Wie bestimmte Rollen konkret ausgefüllt werden, hängt weiter von den Normen einer Gruppe ab.

Unter *Norm* werden die Verhaltens-Spielregeln verstanden, die für die Mitglieder Gruppe verbindlich sind und sich im Laufe der Zeit entwickeln.

Die Normen geben den Mitgliedern eine relative Sicherheit im Verhalten. Somit wirken sie *angstreduzierend* für den einzelnen und *konfliktreduzierend* für die gesamte Gruppe. Normen fördern innerhalb einer Gruppe den Zusammenhalt, weil eine Gruppe dann leichter mit anderen Gruppen zu vergleichen ist, von denen sich die Gruppe positiv abgrenzen läßt.

■ **Mitglieder-Rollen**

Die Rollen, die die einzelnen Gruppenmitglieder einnehmen können, lassen sich beziehen:

– auf die Gruppenaufgabe,

– auf die Zusammengehörigkeit der Gruppe oder

– auf die Bedürfnisse des Individuums.

Betrachtet man dabei jeweils einen erwarteten positiven sowie einen befürchteten negativen Zustand, so lassen sich die *Rollen nach sechs Gesichtspunkten einteilen:*

1. Verhaltensweisen, die das Fortschreiten der Gruppe auf das Ziel fördern: der Aufklärende, der Fachmann, der Zielstrebige, der Anregende, der sachlich Distanzierte ... usw.

2. Verhaltensweisen, die das Fortschreiten der Gruppe auf das Ziel hemmen: der Ausweichende, der Blockierende, der Ablehnende, der selbstgefällige Erzähler, der Mitläufer, der Beschwichtigende.

3. Verhaltensweisen, die eine entspannte Atmosphäre erzeugen: der Aufheiternde, der Hilfsbereite, der aufmerksam Zuhörende, der Tolerante, der Zustimmende.

4. Verhaltensweisen, die zu einer gespannten Atmosphäre beitragen: der Widersprechende, der Außenseiter, der Schulmeister, der Bewertende, der Beherrschende, der Unzufriedene.

5. Verhaltensweisen, die beim Individuum Ängste abbauen: derjenige, der über sich und seine Empfindungen spricht, der Aufmunternde, der Belohnende, der Anweisungen gebende.

6. Verhaltensweisen, die beim Individuum Ängste erzeugen: der Ironisierende, der Dramatisierende, der Geheimnisvolle, der Hilflose, der Bestrafende, der Schweiger.

Bei den Verhaltensweisen, die oben angeführt sind, handelt es sich um Verhaltenstendenzen. Ob z.B. der Schweigende in jedem Fall angsterregend sein muß, das hängt von der Situation ab. Ein Schweiger bleibt jedoch meistens ein Unsicherheitsfaktor für eine Gruppe und trägt somit nicht das geringste zur Klärung der Beziehungen bei.

Abschließend sei noch auf eine besondere Rolle innerhalb betrieblicher Gruppen hingewiesen: die *Führerrolle*. Diese Rolle soll im nächsten Kapitel eingehender behandelt werden. Hier nur soviel: In betrieblichen Gruppen ist der Vorgesetzte in der Regel der Führer einer Gruppe, der zur Erreichung eines bestimmten Zieles Gruppen zusammenstellt oder steuert. Der Führer ist verantwortlich für das Funktionieren einer Gruppe, das bedeutet, er muß die Anforderungen der drei Aspekte: Aufgabe, Zusammenhalt und Individuum koordinieren und optimieren. Vom Führer einer Gruppe wird daher verlangt, gleichzeitig der Tüchtigste und der Beliebteste der Gruppe zu sein. Ein lösbarer Rollenkonflikt? Später soll darauf eine Antwort gegeben werden. Vorher muß noch der Prozeß einer Gruppenentwicklung, die Dynamik, erläutert werden.

3.2.3 Die Dynamik der Gruppe

Die Entwicklung einer Gruppe zu klaren Beziehungen wird nicht gradlinig verlaufen, sondern ist eher als eine verschachtelte, dynamische Bewegung zu denken mit Fortschritten, Rückschritten, Sackgassen, Krisen, Euphorien.

Mit Dynamik ist mithin jenes Kräftespiel gemeint, welches sich ereignet, wenn mehrere Menschen interagieren und sich zu Gemeinsamkeiten durchringen oder zusammenraufen. Zwei Dinge kann man bei diesem Prozeß beobachten:

- Die Entwicklung geschieht in Phasen.

- Das Kräftespiel reguliert sich selbst.

Wie diese Dynamik im einzelnen verläuft, hängt größtenteils auch von Persönlichkeitsmerkmalen der Gruppenmitglieder ab. Folgende Einstellungen sind von Bedeutung:

Abhängigkeit: Sich gegen Unabhängigkeit stellen. Sich unter der Leitung eines Führers sicher und wohl fühlen. Feste Regeln bevorzugen.

Unabhängigkeit: Sich gegen feste Regeln und Geführtwerden sträuben. Durch autoritäre Strukturen entmutigt werden.

Persönlich: Wunsch nach Vertrautheit und persönlichen Beziehungen.

Unpersönlich: Wunsch nach Vermeiden von Intimität, Angst vor der Selbstaufgabe.

Das Zusammenarbeiten in der Gruppe und die Gruppenaufgabe verbieten den Gruppenmitgliedern die extreme Verwirklichung einer dieser Rollen. Sie geraten dabei notwendig in einen Konflikt. Ihnen gegenüber stehen die konfliktfreien Gruppenmitglieder. Da sie von den Problemen der Konfliktbehafteten nicht berührt werden, können sie allein, bei verhärteten Fronten und in ausweglosen Situationen, die Gruppenentwicklung weiterbringen. Eine Gruppe, die keine *konfliktfreien Persönlichkeiten* hat, wird kaum jemals reifen.

Zu den Hauptproblemen der Gruppenarbeit gehört die innere Unsicherheit, die die Gruppenmitglieder hemmt, aktiv zu werden. Ursachen dieser Unsicherheit sind die Verteilung und Handhabung der Macht und das Problem der Vertraulichkeit zwischen den einzelnen Gruppenmitgliedern.

Am Problem der Macht kommt es zu einer Konfrontation zwischen Abhängigen und Unabhängigen, am Problem der Vertraulichkeit zu einer Konfrontation zwischen Persönlichen und Unpersönlichen. Beide Probleme aber tauchen in der Gruppenentwicklung mit Sicherheit auf. Zuerst die Macht, dann die Vertraulichkeit.

Das Ziel der Entwicklung einer Gruppe ist es, sowohl bestimmte *Aufgabenaktivitäten* zu leisten, als auch eine krisenfeste bzw. arbeitsfähige *Gruppenstruktur* aufzubauen. Nach Tuckman werden dabei folgende Phasen durchlaufen:

- Formierungsphase

    Gruppenstruktur:
    Es besteht Angst beim einzelnen; Abhängigkeit von einem Führer; man prüft die Situation und die Frage nach dem angemessenen Verhalten.

    Aufgabenaktivität:
    Man erkennt die Aufgabe, die Spielregeln und die angemessenen Arbeitsmethoden.

- Konfliktphase

  Gruppenstruktur:
  Konflikt zwischen Untergruppen; Rebellion gegen Führer, gegensätzliche Meinungen; Widerstand gegen Kontrolle durch die Gruppe; Konflikte über die Intimität der Gruppe.

  Aufgabenaktivität:
  Emotionaler Widerstand gegen die mit der Aufgabe verbundenen Anforderungen.

- Normierungsphase

  Gruppenstruktur:
  Entwicklung des Gruppenzusammenhalts; Sammeln von Gemeinsamkeiten; Aufkommen vor Normen; Widerstand ist überwunden, und Konflikte sind beigelegt; gegenseitige Unterstützung und Entwicklung von Gruppengefühl.

  Aufgabenaktivität:
  Offener Austausch von Ansichten und Empfindungen; Kooperation entwickelt sich.

- Arbeitsphase

  Gruppenstruktur:
  Interpersonale Probleme sind gelöst; die interpersonale Struktur steht im Dienst der Aufgabenaktivität; die Rollen sind flexibel und funktional.

  Aufgabenaktivität:
  Auftauchen von Lösungen für Probleme; konstruktive Anstrengungen, die Aufgabe zu beenden; die Energie ist jetzt für effektive Arbeit verfügbar; dies ist die Hauptarbeitsperiode.

Vielleicht mutet es etwas gewollt an, denn: Führt das Kräftespiel immer zu der gewünschten Arbeitsphase? Gibt es nicht Gruppen, die für immer auseinander brechen? Ja, gewiß. Damit sich eine Gruppe zu einer sogenannten reifen Gruppe entwickeln kann, braucht sie ein *sich selbst regulierendes Steuersystem*. Das ist genaugenommen nicht mehr oder nicht weniger als die *Interaktion*. Interaktion heißt ja wechselseitige Kommunikation, d.h. beide Seiten, sowohl Sender als auch Empfänger im Kommunikationsprozeß, sind gleichberechtigt.

Wenn es die Gruppe gelernt hat, diese gleichberechtigte Meinungsäußerung aller Beteiligten sicherzustellen, ist sie in der Regel voll arbeitsfähig.

In der Praxis ist eine solche Symmetrie der Kommunikation häufig nicht anzutreffen – die hierarchischen Organisationsformen begünstigen eher unsymmetrische Interaktionen. Deshalb wird eine *Komponente der Interaktion* als besonders wichtig herausgestellt, die *Rückkoppelung* oder *Rückmeldung*. Damit ist gemeint, Gesprächspartner erläutern nicht nur ihre Absichten und Meinungen, sondern teilen sich auch gegenseitig mit, wie eine Handlung (Meinungsäußerung) angekommen ist oder gewirkt hat. Dadurch wird sichergestellt, daß neben dem Inhalts- auch der Beziehungsaspekt mit in den Interaktionsprozeß einer Gruppenentwicklung einbezogen wird. Dadurch aber, so lautet die Aussage in der Definition, ist die Entwicklung einer Gruppe überhaupt erst möglich. Ohne Klärung der gegenseitigen Beziehungen besteht keine Möglichkeit, Gemeinsamkeiten festzustellen. Die Beteiligten können keine Wir-Aussagen machen und werden sich zum Einzelkämpfer-Dasein zurücksehnen.

3.3 Führung

3.3.1 Komponenten der Führungsrolle

In der Sozialpsychologie gibt es keine eindeutige Auffassung über den Begriff *Führung*. Den meisten Definitionen ist jedoch gemeinsam, daß sie sich auf den Rolleninhaber innerhalb von Gruppen beziehen, der das Gruppengeschehen maßgeblich beeinflußt. Wir können deshalb vier Merkmale hervorheben, die die Rolle *Führer* näher kennzeichnen.

Von einem *Führer* wird gesprochen, wenn jemand

- *eine Führungsposition innehat*, das heißt, zwischen ihm und den übrigen ein Kompetenzgefälle besteht;

- *von der Gruppe als solcher benannt wird*, das heißt, akzeptiert wird als Zentrum aller Erwartungen bzw. Wächter der Gruppennormen;

- *Einfluß ausübt*, das heißt, auf ein Ziel gerichtet ist;

- *Führungsverhalten zeigt*, das heißt, die Rollenerwartungen der Gruppenmitglieder zufriedenstellend erfüllt.

Mit dieser Definition wird auch deutlich, daß Führung mehr als *Funktion der Gruppe* angesehenwird.

Die Psychologie hat sich lange damit befaßt, die Eigenschaften als Persönlichkeitsmerkmale herauszufinden, die einen Führer vor anderen Menschen auszeichnen. Die Ergebnisse waren derart uneinheitlich, daß es nicht gelang, verallgemeinerungsfähige Eigenschaften eines Führers zu bestimmen. Heute betrachtet man Führung weniger persönlichkeits-psychologisch und charakterologisch, sondern mehr sozialpsychologisch.

Führung wird als *Interaktionsphänomen* zwischen einem Führer und der Gruppe in einer bestimmten Situation angesehen.

Das konkrete Führungsverhalten hat das Ziel, drei Anforderungen gleichzeitig zu erfüllen: die Individuen mit ihren Bedürfnissen, die Bewältigung der gestellten Aufgabe und den Zusammenhalt der Gruppe. Dabei wird der Führer in einen Rollenkonflikt gedrängt, je nachdem ob der Führer stärker die Zielerreichung oder stärker die persönlichen Bedürfnisse und den Zusammenhalt beeinflussen will.

Unter den heutigen Arbeitsverhältnissen wird deshalb ein *Führungsdual* angenommen, d.h., da der Führer nicht gleichzeitig der „Tüchtigste" und der „Beliebteste" sein kann, wird sich z.b. häufig neben dem offiziellen Führer (Vorgesetzten), der den Leistungsaspekt betont, ein inoffizieller Führer (Kollege) herauskristallisieren, der den Beziehungsaspekt bzw. den Zusammenhalt der Gruppe betont.

Diese Aufteilung hängt aber wieder sehr stark von den Rollenerwartungen der Gruppenmitglieder ab. Wie weit es dem Führer gelingt, beide Funktionen, den Leistungsaspekt und die Mitarbeiterorientiertheit in sich zu vereinigen, liegt zudem am Führungsstil des Führers.

3.3.2 Führungsstile

Um es gleich vorwegzunehmen, den idealen Führungsstil, der in jeder Situation angemessen ist, gibt es nicht. Da die Führung als *Abstimmungsprozeß zwischen Führer und Geführten* begriffen wird, folgt, daß ein Führungsstil dann am ehesten den vielseitigen Anforderungen entspricht, wenn er flexibel angelegt ist. Dieser wird gruppenzentrierter kooperativer Führungsstil genannt. Er ist als Grundeinstellung jedem Führer nahezulegen; die Abhängigkeiten des Führers von den Geführten sind sowohl in sachlicher (Spezialisten) wie in beziehungsmäßiger Hinsicht (Vertrauen, Motivation) zu groß.

Welche Möglichkeiten des Führungsstiles es lassen sich *idealtypisch* voneinander unterscheiden?

■ **Führerzentrierter Führungsstil**

Der führerzentrierte-(*autoritäre*) Führungsstil ist durch folgende Verhaltensweisen des Führers gekennzeichnet:

- Sehr viele Aktivitäten gehen vom Führer aus.
- Er bestimmt selbst sehr viel.
- Er stellt viele Frage.
- Er kontrolliert sehr direkt.
- Er greift oft ein.
- Er läßt andere selten zu Wort kommen.
- Er fragt andere selten nach ihrer Meinung.
- Er erteilt Anerkennung indirekt und Mißbilligung sehr direkt und persönlich.

■ **Gruppenzentrierter Führungsstil**

Der gruppenzentrierte (*demokratische*) Führungsstil ist durch folgende Verhaltensweisen des Führers gekennzeichnet:

- Der Führer koordiniert in erster Linie.
- Er vermeidet unnötige Lenkung.
- Er erteilt sachliche Informationen an Stelle persönlicher Befehle.
- Er fordert die Mitarbeiter zur Aktivität auf.
- Er beteiligt die Mitarbeiter an der Verantwortung.
- Er beteiligt andere an der Entscheidung.

■ **Dezentrierter Führungsstil**

Der dezentrierte (*laissez-faire*) Führungsstil ist durch folgende Verhaltensweisen des Führers gekennzeichnet:

- Der Führer läßt den Laden einfach laufen.
- Er hält sich zurück.
- Er beteiligt sich sehr wenig.
- Er gibt nur auf Anfrage hin Auskunft.
- Er verteilt nie Anerkennung oder Mißbilligung.
- Er verhält sich vollkommen neutral.
- Er kommentiert höchstens die Leistung und das Verhalten der anderen.
- Er ist schwer als Führer zu erkennen.

■ **Reaktionen von Gruppen auf verschiedene Führungsstile**

Merkmale der Gruppe bei *führerzentrierter (autoritärer)* Führung:

- Aggressionen und Spannungen der Gruppenmitglieder untereinander.
- Suche nach einem Prügelknaben.
- Geringer Zusammenhalt der Gruppenmitglieder.
- Häufig sarkastische und wenig durchschaubare Handlungen („Versteckspiel").
- Arbeitsaktivität hängt von der Anwesenheit des Führers ab.
- Gruppenmitglieder haben das Gefühl, nicht verstanden zu werden.

Merkmale der Gruppe bei *gruppenzentrierter (demokratischer)* Führung:

- Zufriedene Atmosphäre in der Gruppe, freundliche Beziehungen untereinanderer.
- Häufig spontane soziale Beziehungen.
- Gemeinsames Verantwortungsgefühl.

- Konstruktive Arbeitsaktivität auch in Abwesenheit des Führers.
- Motivationen zur Arbeit ist groß, Mengenleistung jedoch häufig geringer als bei führerzentrierter Führung.
- Originalität der Arbeit ist groß.

Merkmale der Gruppe bei *dezentrierter (laissez-faire)* Führung:

- Geringes Zusammengehörigkeitsgefühl, geringer Gruppenzusammenhalt.
- Keine konsequente Verfolgung von Gruppenzielen.
- Gruppierungen innerhalb der Gruppe sehr instabil.
- Gruppe bricht schnell auseinander.
- Mitglieder der Gruppe sind sehr desinteressiert.
- Fühlen sich zu wenig beachtet.
- Häufig entsteht ein informeller Führer.

Die Unterscheidung in diese drei Führungsstile ist idealtypisch, sie ist im konkreten Führungsverhalten eines Führers auch nicht vollständig beobachtbar.

Der Führungsstil soll eine Art *Leitbild* für die Ausübung der Führerrolle sein.

Das augenblickliche Führungsverhalten wird immer von einem Mischstil geprägt, der zusammengesetzt ist aus einzelnen Verhaltensweisen der genannten drei Stile.

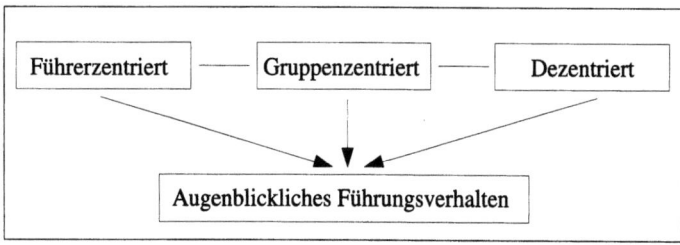

Abbildung 7: Elemente des augenblicklichen Führungsverhaltens

3.3.3 Führungsethik

Die Wahl eines angemessenen Führungsstils ist nicht einfach. Viele Führungskräfte lieben es, als Führungsstil mikropolitische Spiele zu betreiben und geraten früher oder später in ein Entscheidungskonfliktfeld zwischen legitimierter Macht und unkontrollierbarer Herrschaft.

Es fällt nicht leicht, die Folgen ungehemmten wirtschaftlichen Wachstums zu übersehen: Vergeudung nicht erneuerbarer Rohstoffe, Zerstörung der Umwelt, Verelendung weiter Teile der Menschheit usw.

Doch hat jemand einen Nutzen davon, nicht mikropolitisch, sondern anständig, offen, kooperativ, gerecht, solidarisch, ehrlich, lauter, human, usw. – kurz: moralisch zu handeln?

Allgemein gesagt ist eine Absicht oder Handlung dann moralisch, wenn sie „gut" oder „richtig" ist. Von O. Neuberger soll hier folgende Definition übernommen werden:

■ **Definition von Moral**

„Vorauszuschicken ist, daß ich keinen Unterschied zwischen Moral und Ethik mache. Es wird zwar zuweilen zwischen *Moral* als der sittlichen Begründung praktischer Handlungsvollzüge und *Ethik* als der systematischen Reflexion dieser Begründung getrennt, aber diese Differenzierung hat sich nicht allgemein durchgesetzt.

Moralisch entscheidet, wer berücksichtigt, daß die beabsichtigte Handlung

1. a) von anderen und
   b) von dem oder der Handelnden selbst

c) im Bewertungsschema „(sittlich) gut – schlecht" bewertet werden soll

und wer ferner

2. attraktive Alternativen kennt und ausschlägt,
3. sich dabei Ansprüchen unterwirft, die im Prinzip für jedermann gelten sollten und
4. die Entscheidung sich selbst zurechnet (Verantwortung übernimmt)."

Diese abstrakte Maximen werden dann für praktische Führungskräfte in Unternehmungen abgewandelt, um als moralische Richtschnur in Führungsleitlinien oder Anforderungsprofilen verwendet oder als sogenannte „Kardinaltugenden" (Kiefer) ausformuliert zu werden:

1. Ich soll glaubwürdig sein, damit meine Führung ehrlich anerkannt wird.
2. Ich soll die Sache und die beteiligten Menschen sehen, damit Wirtschaften menschenwürdig bleibt.
3. Ich soll Vorbild sein, um berufliche, menschliche, unternehmerische Autorität und Sicherheit zu begründen.
4. Ich soll hören können, damit ich gehorsam sein kann (Informationsaufnahme).
5. Ich soll personell und sachlich loyal sein, damit ich treu sein kann.
6. Ich soll anvertrautes Eigentum bewahren, pflegen und mehren, damit die sittliche Grundlage der Zusammenarbeit rechtschaffen bleibt.
7. Ich soll – durch Zielgebung, Anerkennung, Hilfe und Tadel – so führen, daß ich auch die sachlichen und personellen Folgen mit meinem Gewissen vereinbaren kann.

Damit solche moralischen Leitlinien nicht nur individualistisch, sondern auch sozial als eine kommunikative Ethik zwischen Menschen angewendet werden können, skizziert Ulrich als eine konkrete Utopie (ein unerreichbares Ideal) eine „kommunikative Ethik des herrschaftsfreien Diskurses" und nennt folgende Bedingungen eines solchen Diskurses:

- **Verfahrensbedingungen**

- Beteiligung aller Betroffenen:

  Authentische Einbringung aller Bedürfnisse und Wertungen.

- Argumentative Einigung (Konsensus):

  Nur allgemein akzeptierbare Argumente sind gültig.

- Chancengleichheit (Machtausgleich):

  Die Verhandlungsmacht aller Beteiligten muß gleich sein.

- Zwanglosigkeit:

  Verzicht auf Überredung (Persuasion) und Sanktion.

- Unbeschränkte Information:

  Alle vorhandenen relevanten Informationen sind allen Beteiligten zugänglich.

- Argumentative Kompetenz:

  Dialogteilnehmer müssen fähig sein, vernünftig zu argumentieren.

- **Verhaltensbedingung**

- Rationale Motivation („Wille zur Vernunft"):

  Dialogteilnehmer müssen gewillt sein, vernünftig zu argumentieren, Gegenargumente unvoreingenommen zu prüfen und einen allgemein akzeptierbaren Konsens zu erzielen.

Es ist wichtig, die abstrakte und utopische Natur dieses Dialogs zu betonen, weil kein Zweifel besteht, daß jeder tatsächliche Dialog einer Vielzahl von Verzerrungen und Mißverständnissen unterworfen ist. So ist verständlich, daß in Firmen mit der Unmoral gerechnet und versucht wird, Öffentlichkeit über die moralischen Verfehlungen durch „Moralbilanzen", „Ethik-Kommissionen" oder „Moralbeauftragte" herzustellen.

Wie läßt sich Ethik lernen und wirkungsvoll in das tägliche Verhalten integrieren?

Außer dem Training im Umgang mit moralischen Dilemmata gibt es auch spezielle Ethik-Schulungen, in denen man ethisch argumentieren bzw. begründen lernt, z.B. in fiktiven Rollenspielen, wenn Betroffene nicht da sind oder nicht argumentieren können (Gegner, Natur, Tiere, spätere Generationen).

Allerdings liegt hier in besonderem Maße die Gefahr nahe, daß damit nicht nur Bewußtsein für bisher nicht beachtete Ansprüche, sondern auch dialektische Diskussionstechniken eingeübt werden, um sie in Konfrontationen vorwiegend defensiv oder manipulativ einzusetzen.

Ein wesentliches Lehrziel von Ethik-Sozialisation müßte es sein, auf die immer vorhandenen individuellen Handlungs-Spielräume hinzuweisen und darauf zu dringen, diese Spielräume auch eigenverantwortlich zu nutzen und sich nicht dem Diktat der sogenannten Sachzwänge zu unterwerfen oder besser den persönlichen Mechanismen der Gewissensberuhigung zu erliegen. Hierzu zählen Beruhigungsstrategien wie:

„Da sollen die oben erst mal mit anfangen."

„Ich bin ja doch nur ein kleines Rädchen."

„Die anderen tun es ja auch."

„Wenn ich 's nicht tu, dann tut 's ein anderer."

„Ich kann meinen Arbeitsplatz nicht gefährden", usw.

Der zentrale Gedanke, der der *Ethik-Sozialisation* zugrundeliegt, ist in Kästners vielzitiertem Bonmot enthalten:

„Es gibt nichts Gutes, außer man tut es".

Der bei vielen fehlende Mut zur verantwortungsvollen Tat kann seine Ursache auch in dem fehlenden Wissen und dem wenig erfolgreichen Bewältigen von Konfliktsituationen haben.

3.3.4 Die Komplexität des Führungsverhaltens

Es wurde wiederholt darauf hingewiesen, daß die Ausübung einer Führerrolle in vielfältiger Weise von der Umwelt abhängt. Am Beispiel eines Vorgesetzten wird im folgenden ein schematischer Überblick gegeben, wie komplex das konkrete Führungsverhalten eingebettet ist. Was dabei Komplexität bedeuten kann, zeigt die Aufspaltung der variablen Struktur der Gruppe, hier interpretiert als Erwartungen der Gruppenmitglieder an den Führer. So soll der Führer z.B. sein:

- Leiter (oberste Entscheidungsinstanz, die Aufgaben delegiert, Gruppen koordiniert).

- Planer (er entscheidet, wie und womit die Gruppe ihre Ziele erreicht).

- Einer, der grundsätzliche Normen und Ziele setzt.

- Experte (Spezialist und Informationsquelle).

- Repräsentant (der die Gruppe nach außen vertritt).

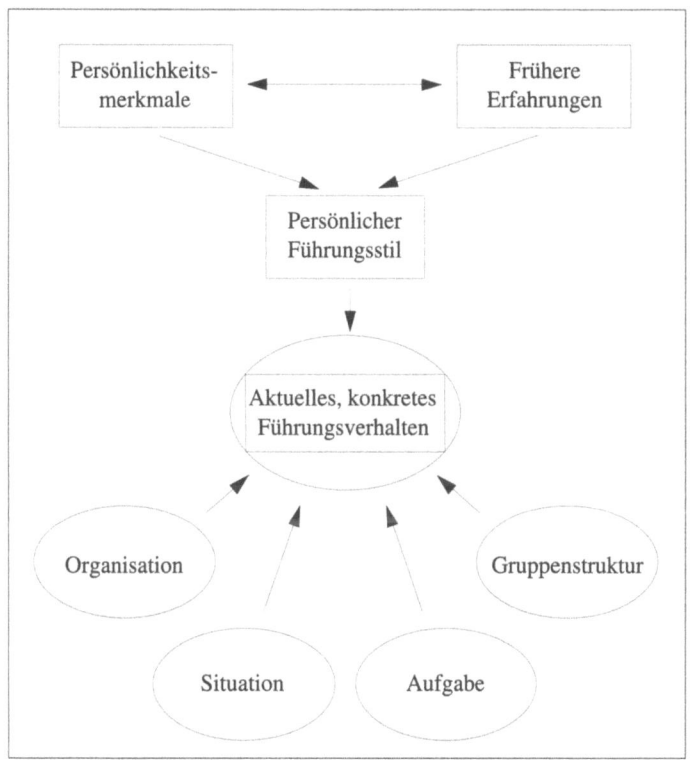

Abbildung 8: Komplexität des Führungsverhaltens

- Einer, der die internen Beziehungen kontrolliert.
- Einer, der über Belohnungen oder Bestrafungen verfügen kann.
- Schiedsrichter und Vermittler.
- Vorbild (Modell für die Gruppe).
- Symbol der Gruppe (eine Art geistiger Mittelpunkt, der den Gruppenfortbestand versinnbildlicht).

- Stellvertreter für individuelle Verantwortung (übernimmt für alle die Verantwortung und entlastet die Mitglieder).
- Ideologe (bestimmt die Werte, Normen).
- Vaterfigur (Ziel positiver Zuwendung).
- Sündenbock (Aggressionsziel für die enttäuschte, frustrierte Gruppe).

Aktuelles, augenblickliches Führungsverhalten wird immer das Ergebnis eines internen Kompromisses sein. Die Kunst liegt in der *bewußten Auswahl* aus den vielen Möglichkeiten. Das wiederum ist nur möglich, wenn es dem Führer gelingt, einen Überblick über die Möglichkeiten zu bekommen und gemäß eines Führungsstiles auszuwählen. (Vgl. Abbildung 8).

3.4 Konflikte und ihre Handhabung

Im betrieblichen Alltag entstehen häufig Situationen, wo man nicht recht weiß, wie man sich verhalten soll oder genauer gesagt, wie man sich entscheiden soll. So stelle man sich einen Vorgesetzten vor, der eine Arbeit zu delegieren hat, von der er weiß, daß sie von den Mitarbeitern nicht gern gemacht wird. Soll er nun auf die Durchführung pochen oder den Bedürfnissen der Mitarbeiter nachgeben? Der Vorgesetzte steht in einer Konfliktsituation.

Um einen *Konflikt* handelt es sich, wenn für eine Person zwei einander entgegengesetzte Handlungstendenzen oder Motivationen zusammen auftreten und als gleichwertige Alternativen für ein mögliches Handeln erlebt werden.

Dabei lassen sich drei Formen des Konflikts unterscheiden, je nachdem, ob ein bestimmtes Handeln angestrebt (Appetenz = Annäherung) oder vermieden werden soll (Aversion = Abneigung).

- *Appetenz-Appetenz-Konflikt:*
  Z.B. möchte der Vorgesetzte, daß die Arbeit gemacht wird und gleichzeitig zufriedene Mitarbeiter haben.
- *Appetenz-Aversions-Konflikt*:
  Z.B. möchte der Vorgesetzte die Arbeit schnell gemacht haben, hat aber keine Lust, sie lange zu begründen.
- *Aversions-Aversions-Konflikt*:
  Z.B. möchte der Vorgesetzte am liebsten die Arbeit ablehnen, aber nicht als Querulant und Versager dastehen.

Bisher wurde der Konflikt vom Individuum her betrachtet. Das genannte Beispiel zeigt aber, daß sich ein Konflikt meist ausdehnt und zwischen mehreren Personen wirksam wird.

Als *soziale Konflikte* sollen deshalb Situationen bezeichnet werden, in denen mehrere Personen unvereinbare oder scheinbar unvereinbare Handlungsalternativen vertreten und in denen jeder versucht, die übrigen Personen an der Ausführung ihrer Alternative zu hindern.

3.4.1 Ursachen von Konflikten

Es gibt viele Gründe für das Auftreten von Konflikten. In der Regel ist es jedoch schwierig, direkt an die Ursachen heranzukommen, da sie häufig im Unbewußten liegen. Daher muß oft von Symptomen auf Ursachen geschlossen werden, was das Risiko in sich birgt, einen Konflikt nicht zu lösen, sondern lediglich an Symptomen herumzukurieren.

Eine vielfach gemachte Beobachtung ist, daß z.b. Gerüchte oder Intrigen über Dritte von persönlichen Schwierigkeiten ablenken sollen. Eine solche Konfliktverschiebung will aber erst einmal erkannt sein.

Als wichtige Ursachen für Konflikte ergeben sich:

- Die individuellen Interessen und Bedürfnisse.

- Werte und Normen.

- Ein unterschiedlicher Informationsstand (Qualität und Quantität).

- Gestörte emotionale Beziehungen.

Diese Ursachen sind nicht unabhängig voneinander. Das erschwert die Konzeption von gezielten Konfliktlösungs-Strategien nach dem Ursache-Wirkungs-Prinzip; andererseits gibt es die Chance, mit wenigen Maßnahmen gegen mehrere Ursachen gleichzeitig anzugehen.

Ohne die einzelnen Ursachen näher betrachten zu können, sei hier daran erinnert, daß die Ursachen von Konflikten zum Beziehungsaspekt menschlicher Kommunikation gehören. Konfliktlösungs-Strategien stellen demnach *Beziehungs-Klärungs-Strategien* dar.

3.4.2 Konfliktverlauf

Ein Konflikt zwischen Personen verläuft meistens in Phasen, die entweder bis zu einer Lösung durchlaufen werden oder auf einer bestimmten Stufe stehenbleiben.

- *Bewußtmachung eines Konflikts:* Die gegensätzlichen Alternativen werden wahrgenommen, Strategien werden überlegt.
- *Diskussion:* Klärung der Meinungsverschiedenheit durch Diskussion und Argumentation.
- *Offene Auseinandersetzung:* Spannungen treten auf, beide Parteien versuchen, ihren Einfluß auf Kosten der anderen zu vergrößern.

Die *konkreten Verhaltensweisen in der letzten Phase* entsprechen denen in einer echten Konkurrenzsituation:

• Das Verhalten ist auf das Erreichen persönlicher Ziele gerichtet.	(Die Meinungen werden nicht verständlich formuliert, begründet, es wird kein gemeinsames Ziel erarbeitet.)
• Verschwiegenheit.	(Zweideutige, unklare, lückenhafte Informationen werden bevorzugt.)
• Man kennt genau seine eigenen Interessen. Sie bleiben aber den anderen verborgen oder werden mißinterpretiert. Der andere weiß nicht, was man zu ihrer Erfüllung zu geben bereit ist.	(Keine Hintergründe, keine subjektiven Bedeutungen (Beziehungsaspekt) werden genannt.)

- Überraschungseffekte. (Dialektische Argumentation, Ausweichen.)
- Drohungen, Bluffs. (Unbewiesene Behauptungen, personenorientierte Argumente.)
- Sachliche und unsachliche Argumente werden benutzt. (Positionen werden verteidigt, Rechtfertigungen überwiegen, statische Diskussion.)

Wie lange ein Konflikt in einer entsprechenden Phase schwelt, hängt von vielen Faktoren ab, wie den gegebenen Machtverhältnissen, dem Führungsstil, den Normen der Organisation usw.

3.4.3 Konfliktaustragung

Diese vielfältigen Beeinflussungsfaktoren sind es auch, die es vielen Menschen geboten erscheinen lassen, einen Konflikt nicht auszutragen, sondern entweder zu verschieben, d.h. häufig einen Schwächeren zu prügeln oder zu verdrängen, d.h. ins Unbewußte zu drängen, um nicht mehr dran denken zu müssen.

Beide Strategien führen natürlich nicht zur Lösung eines Konflikts; die beteiligten Personen kommen aber zunächst vom Konflikt los und bleiben somit handlungsfähig. Da das Konfliktaustragen häufig nicht durchführbar ist, scheint es wünschenswert, Konflikte möglichst gar nicht erst entstehen zu lassen.

Folgende vorbeugende Maßnahmen sind dazu hilfreich:

– *Betonung von Gemeinsamkeiten*:

Das Verhalten muß stärker danach bemessen und belohnt werden, wie es zur Zusammenarbeit beiträgt.

- *Austausch der Rollen*:

  Rotation von Mitgliedern in verschiedenen Positionen und Abteilungen fördert gegenseitiges Verständnis.

- *Interaktionen*:

  Gleichberechtigte Gesprächsführung mit Selbstkontrolle (Rückmeldung) fördert Verständnis und ermöglichen Vertrauen.

- *Mitbestimmung bei Entscheidungen*:

  Die Einbeziehung und Mitwirkung am Entscheidungsprozeß ermöglicht eine gemeinsame Identifikation und Verantwortlichkeit.

- *Vermeidung von Entweder-oder-Wettbewerben*:

  Zwar erhöht Wettbewerb die Leistung; die Belohnung nur eines Gewinners führt jedoch zu Folgeschwierigkeiten (Rache des Verlierers). Besser ist eine differenzierte Belohnung: sowohl – als auch.

Diese fünf Prinzipien dienen der Konfliktvermeidung, d.h., sie setzen die Wahrscheinlichkeit herab, daß es zu einer harten Konfrontation der Meinungen kommt. Sie lassen aber Meinungsverschiedenheiten zu und ermöglichen auch eine Konfliktaustragung mit einer akzeptablen Konfliktlösung, sofern man die wahren Ursachen erkannt hat und bereit und in der Lage ist, die Ursachen zu verändern.

Literaturverzeichnis

Antons, K.:
Praxis der Gruppendynamik,
Göttingen 1973.

Grochla, E.:
Unternehmensorganisation,
Hamburg 1972.

Hettinger, T., Kaminsky, G., Schmale, H.:
Ergonomie am Arbeitsplatz,
Ludwigshafen 1976.

Hofstätter, P. R.:
Gruppendynamik – Kritik der Massenpsychologie,
Hamburg 1957.

Hoyos, Graf C.:
Arbeitspsychologie,
Stuttgart 1974.

Neuberger, O.:
Das Mitarbeitergespräch,
München 1973.

Neuberger, O.:
Führungstheorien, in: Kieser u.a., Handwörterbuch der Führung,
Stuttgart 1987.

Neuberger, O.:
Führen und geführt werden,
Stuttgart 1990.

Macharzina, K., Oechsler, W. A.:
Personalmanagement, Bd. I und II,
Wiesbaden 1977.

v. Rosenstiel, L.:
Motivation im Betrieb,
München 1972.

v. Rosenstiel, L. u. a.:
Organisationspsychologie,
München 1971.

Staehle, W. H.:
Organisation und Führung sozio-technischer Systeme,
Stuttgart 1973.

Ulrich, P.:
Wirtschaftsethik und Unternehmensverfassung,
Stuttgart 1981.

Wagner, D.:
Organisation, Führung und Personalmanagement,
1989.

Watzlawick, P., Beavin, J. H., Jackson, D. D.:
Menschliche Kommunikation. Formen, Störungen, Paradoxien,
Stuttgart 1969.

Stichwortverzeichnis

A

Anreize 18
Arbeitsmotive, extrinsische 23
Arbeitsmotive, intrinsische 23
Arbeitspsychologie 2
Arbeitszeit 16

B

Beanspruchung 10
Belastung 10
Beleuchtung 13
Berufspsychologie 2
Betriebspsychologie 2
Beziehungen, soziale 1, 34
Beziehungsaspekt der Kommunikation 34

E

Eignungstest 28
Einweg-Kommunikation 37
Ergonomie 2
Ermüdung 14

F

Führer 51
Führungsstile 52
Führungsverhalten 55

G

Gruppe 41
–, Dynamik der 47
Gruppenziel 43

H

Human Relations 5

I

Individuum 6
Industriepsychologie 2
Ingenieurpsychologie 2
Interaktion 4, 38

K

Klima 11
Kommunikation 34
–, wechselseitige 38
Kommunikationsnetze 38
Konflikt 62
–, sozialer 63
Konfliktaustragung 66

L

Lärm 11

Leistungsbereitschaft 9
Leistungsfähigkeit 9
Leistungsverhalten 20

Selbstentfaltung des Menschen 6
Status der Gruppenmitglieder 43

M

Mitglieder-Rollen 45
Motivation 18
Motivatoren 22

T

Taylorismus 5

N

Norm 44

U

Umwelteinflüsse 11
Untersuchungsgegenstand 1
Unzufriedenheit 22

P

Pausen 16

V

Vibrationen 12

R

Rolle der Gruppenmitglieder 43
Rückkoppelung 50
Rückmeldung 50

W

Wirtschaftspsychologie 3

Z

S

Sachaspekt der Kommunikation 34

Zufriedenheit 22
Zustände,
 ermüdungsähnliche 15
Zweiweg-Kommunikation 36

Reihe Praxis der Unternehmensführung

G. Bähr/W. F. Fischer-Winkelmann/R. Fraling u.a.
Buchführung – Leitlinien und Organisation
114 S., ISBN 3-409-13968-0

J. Bussiek
Buchführung – Technik und Praxis
100 S., ISBN 3-409-13978-8

J. Bussiek/R. Fraling/K. Hesse
Unternehmensanalyse mit Kennzahlen
100 S., ISBN 3-409-13984-2

H. Dallmer/H. Kuhnle/J. Witt
Einführung in das Marketing
142 S., ISBN 3-409-13972-9

H. Diederich
Grundlagen wirtschaftlichen Handelns
92 S., ISBN 3-409-13548-0

O. D. Dobbeck
Wettbewerb und Recht
108 S., ISBN 3-409-13966-4

U. Dornieden/F.-W. May/H. Probst
Unternehmensfinanzierung
130 S., ISBN 3-409-13985-0

U.-P. Egger
Kreditmanagement im Unternehmen
80 S., ISBN 3-409-13993-1

U.-P. Egger/P. Gronemeier
Existenzgründung
104 S., ISBN 3-409-18306-X

W. Eichner/S. Braun/K. König
Lagerwirtschaft, Transport und Entsorgung
ca. 100 S., ISBN 3-409-13517-0

D. Glüder
Förderprogramme öffentlicher Banken
120 S., ISBN 3-409-13987-7

W. Hilke
Bilanzieren nach Handels- und Steuerrecht
Teil 1: 134 S.,
ISBN 3-409-13980-X
Teil 2: 160 S.,
ISBN 3-409-13981-8

D. Hofmann
Planung und Durchführung von Investitionen
112 S., ISBN 3-409-13994-X

A. Kretschmar
Angewandte Soziologie im Unternehmen
ca. 100 S., ISBN 3-409-18310-8

H. Hub
Aufbauorganisation · Ablauforganisation
100 S., ISBN 3-409-18311-6

V. Kunst
Angewandte Psychologie im Unternehmen
ca. 80 S., ISBN 3-409-18309-4

L. Irgel/H.-J. Klein/M. Kröner
Handelsrecht und Gesellschaftsformen
122 S., ISBN 3-409-13965-6

M. Lensing
Materialwirtschaft und Einkauf
ca. 100 S., ISBN 3-409-13529-4

G. Jeuschede
Grundlagen der Führung
74 S., ISBN 3-409-18312-4

J. Löffelholz
Grundlagen der Produktionswirtschaft
84 S., ISBN 3-409-13990-7

T. Kaiser
Personalwirtschaft
84 S., ISBN 3-409-13996-6

J. Löffelholz
Kontrollieren und Steuern mit Plankostenrechnung
72 S., ISBN 3-409-13991-5

S. Klamroth/R. Walter
Vertragsrecht
106 S., ISBN 3-409-13967-2

J. Löffelholz
Lohn und Arbeitsentgelt
80 S., ISBN 3-409-13818-8

S. Kosbab u.a.
Wirtschaftsrechnen in Unternehmen und Banken
ca. 280 S. (Doppelband), ISBN 3-409-13553-7

J. Löffelholz
Unternehmensformen und Unternehmenszusammenschlüsse
68 S., ISBN 3-409-13989-3

H. Lohmeyer/L. Th. Jasper/
G. Kostka
**Die Steuerpflicht des
Unternehmens**
138 S., ISBN 3-409-13986-9

W. Pepels
Handelsmarketing
ca. 100 S., ISBN 3-409-13515-4

W. Pepels
**Marktforschung und
Makrtprognose**
ca. 100 S., ISBN 3-409-13515-4

W. Pepels
**Werbung und
Absatzförderung**
ca. 120 S., ISBN 3-409-18313-2

D. Scharf
**Grundzüge des betrieblichen
Rechnungswesens**
110 S., ISBN 3-409-13988-5

D. Scharf
**Handelsrechtlicher
Jahresabschluß**
124 S., ISBN 3-409-13914-1

T. Scherer
Markt und Preis
104 S., ISBN 3-409-18308-6

W. Teß
**Bewertung von
Wirtschaftsgütern**
ca. 96 S., ISBN 3-409-13889-7

H. D. Torspecken/H. Lang
**Kostenrechnung und
Kalkulation**
152 S., ISBN 3-409-13969-9

H. J. Uhle
**Unternehmensformen und
ihre Besteuerung**
110 S., ISBN 3-409-13979-6

P. W. Weber/K. Liessmann/
E. Mayer
**Unternehmenserfolg durch
Controlling**
160 S., ISBN 3-409-13992-3

J. Witt
Absatzmanagement
132 S., ISBN 3-409-13895-1

MIX
Papier aus verantwortungsvollen Quellen
Paper from responsible sources
FSC® C105338

If you have any concerns about our products,
you can contact us on
ProductSafety@springernature.com

In case Publisher is established outside the EU,
the EU authorized representative is:
**Springer Nature Customer Service Center GmbH
Europaplatz 3, 69115 Heidelberg, Germany**

Printed by Libri Plureos GmbH
in Hamburg, Germany